自由に生きるためにお金にも働いてもらうことにしました。

アラサーdeリタイア管理人
ちー

かんき出版

はじめに

「小さな資本家」になって、小さな自由を手に入れよう

自由になるために、私がしてきたこと

自由とは?

辞書で引くといろいろな書き方がしてありますが、簡単に言えば「自分の意のままにふるまえる」こと。

多分、多くの人が自由に生きたいと思っているはずです。
ただ、何でも意のままにできるわけではありませんよね?
たとえば時間を巻き戻したいと思ってもできないし、人間から猫になりたいと思っ

てもなれません。

また、人は一人では生きていけないため、集団生活を送る中で法に触れることや、他者を不快にすることもやってはダメ。

そのため、今回、私の言う自由とは、そういった物理的・倫理的にNGな自由ではなく、「**お金で買える小さな自由**」のことです。

たとえば、

・やりたくないこと、できないことを代わりにやってもらう

→家事代行、便利家電の導入、外食

・欲しいものを手に入れる

→ブランド品、好きなアーティストのグッズ、家や車

・働く時間を減らす

→出世競争からの離脱、正社員からパートへ、一時的に休職

・やりたいことに挑戦してみる

→本当にやりたかった仕事に転職、習い事、世界一周の旅

・万が一のときの保険

↓病気や怪我で働けなくなったときの生活費、治療や介護の費用、老後年金が減ったときの補填

・誰かを助ける

↓大事な人の借金を返す、生活の面倒を見る、学費を払う

などなど。

私は今、この文章を旅行先の山奥で書いています。

7月も末の暑い時期ですが、標高が高く風も通って涼しいので、外で木々のざわめきや鳥や虫の声を聴きながら、どんなことを書いていこうかなぁと考えているところ。

こんなふうに、ある程度まとまったお金を手に入れた今はそこまで大きく稼ぐ必要がないため、好きな時間に好きな場所で、好きなだけ好きな仕事ができるようになりました。

これが、私がお金で買った小さな自由です。

ただし、お金というのはもちろん使えばなくなってしまいますよね？

せっかく手に入れたこの自由を、一時的なものにはしたくありません。

そのため、私は私だけが働くのではなく、**お金にも一緒に働いてもらっています。**

そのおかげで、**自分の時間を消費することなくお金を得ることができている**のです。

「お金に働いてもらう」とは？

前述のように、お金で買える小さな自由はたくさんあります。

しかし、手持ちのお金を使って自由を買うと、その代わりにお金はなくなってしまいますので、その分また働かなくてはいけません。

労働とは、自分の能力と時間を提供することですよね？

ということは、自由を買うために自分の時間という自由を売っているようなもの。

つまり、**自由を売って自由を買い、また自由を売るという無限ループ**に陥ってしまうのです。

働く（自由を売る）→働いた分使う（自由を買う）→働く（自由を売る）→働いた分使う（自由を買う）……→一生労働が必要！

ただし、この無限ループから抜け出す方法があります。
それこそが、**自分だけが働くのではなく、お金にも働いてもらうこと**です。

日本は資本主義の国ですので、自分が持っている労働力もしくは資本を提供することにより、その対価としてお金を得ることができます。
そのため、「労働力の提供＝自分が働く」から「**資本の提供＝お金が働く**」に移行できれば、自分の時間を労働に消費することなく、お金を得ることができるのです。

資本って何？

事業活動を行うための元手となる資金のこと。生産の3要素（労働・土地・資本）のひとつ。

資本には、

・資本主からの出資

・企業が稼いだ利益

の2つがあり、企業はこの2つの資本と労働者の労働力を使って、生産を行っている。

お金持ちの家に生まれない限り、普通の人は、最初から資本を持っているわけではないですよね？　そのため、まずは自分で働くしかありません。

しかし、労働で得たお金をただ使うのではなく、**一部を資本として企業に提供すれば、それでお金を得ることができるようになる**のです。

自分が働く↓働いた分使う↓自分が働く↓働いた分使う……

↓

自分が働く↓自分が働いた分の一部を資本として提供↓自分とお金が働く
※最終的には、自分は働かずにお金だけに働いてもらうことも可能になる
（いわゆるＦＩＲＥ）。

イメージは「小さな資本家」になること

お金を得るためには自分の「労働力」か「資本」を提供する必要があるため、資本主義下では「労働力を提供する人＝労働者」と「資本を提供する人＝資本家」の２種類に分けることができます。

そして、自分の時間の自由を奪われないためには、**労働者ではなく資本家になる必要がある**ということですね。

ただし、自分がまったく働かなくても済むような大きな資本を持つには、**お金持ちの家に生まれるかビジネスで成功しない限り難しいです。**そのため、それを目指すのは現実的ではありません。

そこで私がおすすめしたいのが、「**小さな自由を手に入れられるくらいの、小さな資本家**」です。

これが実現できれば、時間の自由を奪われることなく、小さな自由を手に入れることができるようになるからです。

また、私が大きな資本家よりも小さな資本家のほうをおすすめする理由として、**社会的な立場の自由**という点もあります。

私は大学生の頃、海外留学をする費用を稼ぐべくホステスのバイトをしていたことがあります。そのときに代々の資本家の方や経営者とかかわることもありましたが、たとえば代々の資本家であれば、「自分の代で資産を減らすわけにはいかない」というプレッシャーだったり、経営者であれば人格者であることを求められたり、従業員も抱えているため責任も重そうだなぁと感じました。

私の人生のモットーは、

「**楽に楽しく生きる**」

です。

そのため、できる限り過度なプレッシャーや社会的地位は持ちたくないと思っています。

ですから、億万長者になりたいとか、社会的に成功したいという方には、この本の内容は参考にならないかもしれません。

一方、私のように「**今よりちょっと自由に生きたいなぁ**」**と思っている方**には、そのヒントになるのではないかと思います。

本書では、**お金持ちでもない、投資の天才でもない、普通の人たちでも再現可能な**

資産運用のノウハウを、細かく丁寧にまとめました。

何にどのように投資すればいいの？　というところから、具体的な証券会社やおすすめ銘柄のほか、掛金の割合や額までまとめています。

投資初心者の方でもわかるように書きましたし、２０２４年からの新ＮＩＳＡの戦略もまとめたので、新ＮＩＳＡではどうするか悩んでいる方にも役立つはずです。


自由に生きるために、お金にも働いてもらう。

本書が、この言葉にぐっときたあなたのお役に立つよう、願っています。

アラサーdeリタイア管理人　ちー

CONTENTS

第3章 結局、NISAとiDeCoなんです

第4章 投資を始める前に、しておくべきこと

第5章 新NISAを使った3000万円のつくり方

第6章 確定拠出年金を使った老後資金のつくり方

第7章 こんなときどうする？ 継続のコツ

第8章 どうやって終わらせる？ 資産運用の出口戦略

ブックデザイン：西垂水敦・市川さつき（krran）
カバーイラスト：アツダマツシ
DTP：畑山栄美子（エムアンドケイ）

※本書の内容は、本文中にとくに記載がない限り、2023年10月時点の情報に基づいています。今後予告なく変更される場合もあるので、ご留意ください。

※本文中の記述は著者の分析結果に基づいており、細心の注意を払っていますが、元本や確実なリターンを保証するものではありません。本書を参考とした投資結果について、著者および本書の発行元は一切の責任を負いません。投資対象および商品の選択など、投資にかかる最終決定は、ご自身の判断でなさるようお願いいたします。

※本書における情報はあくまで情報提供を目的としたものであり、特定の商品について推奨・勧誘を目的としたものではありません。個別の商品の詳細情報については、各金融機関に直接お問い合わせください。

第1章

株式投資で「小さな資本家」を目指そう

労働者よりも資本家のほうが有利な現実

私が小さくても資本家にもなることをおすすめするもうひとつの大きな理由は、長期で見ると**労働よりも資本の収益のほうが高い**というデータ上の現実があるからです。

みなさんは、「**r＞g**」をご存じでしょうか。

r＞gとは？

フランスの経済学者トマ・ピケティ著の『21世紀の資本』で唱えられた不等式。rは資本収益率、gは経済成長率を表している。

同書によると、18世紀までさかのぼってデータを分析した結果、「r＝資本収益率」が年に5％ほどであるにもかかわらず、「g＝経済成長率」は1～2％ほどしかなかったと指摘している。そのため、「r＞g」という不等式が成り立つ。

このように、労働力の提供によってもたらされる経済の成長よりも、**資本の提供によってもたらされる収益のほうが大きい**のです。

もっとわかりやすく表すと、**汗水垂らして一所懸命働く労働者より、持っているお金を働かせている資本家のほうが儲かる**ってことなんですよね。

もちろんこれは過去のデータを見るとそうなっているというだけで、今後もそうなるかはわかりません。

しかし、3世紀にもわたってそのように推移してきていることを考えると、今後も労働者より資本家のほうが有利になる確率は高いと言えるのではないでしょうか。

というかむしろ、現在もし労働収入しか得ていない状況なのであれば、それこそがリスクだと思いませんか？　そのため、私は小さくても資本家にもなることを強くおすすめしたいのです。

資本家になってお金を働かせる方法

「資本の提供＝お金が働く」ということは理解していただけたかと思いますが、具体的にどういう方法があるのでしょうか？

資本の提供ということは、すなわち「資本を何かに投ずる＝投資」です。

この投資にはいろいろな方法が存在するわけですが、私はその中でも一番リターンが期待できる「**株式投資**」をおすすめしたいと思っています。

次のグラフは、私お気に入りの「200年前に1ドルを株式、債券、金、ドルに投資した場合、200年後にいくらになっているか」を示したものです。

どうでしょうか？　最近は金（ゴールド）の高騰も話題ですが、**長期では株式が他を圧倒している**のがわかりますよね。

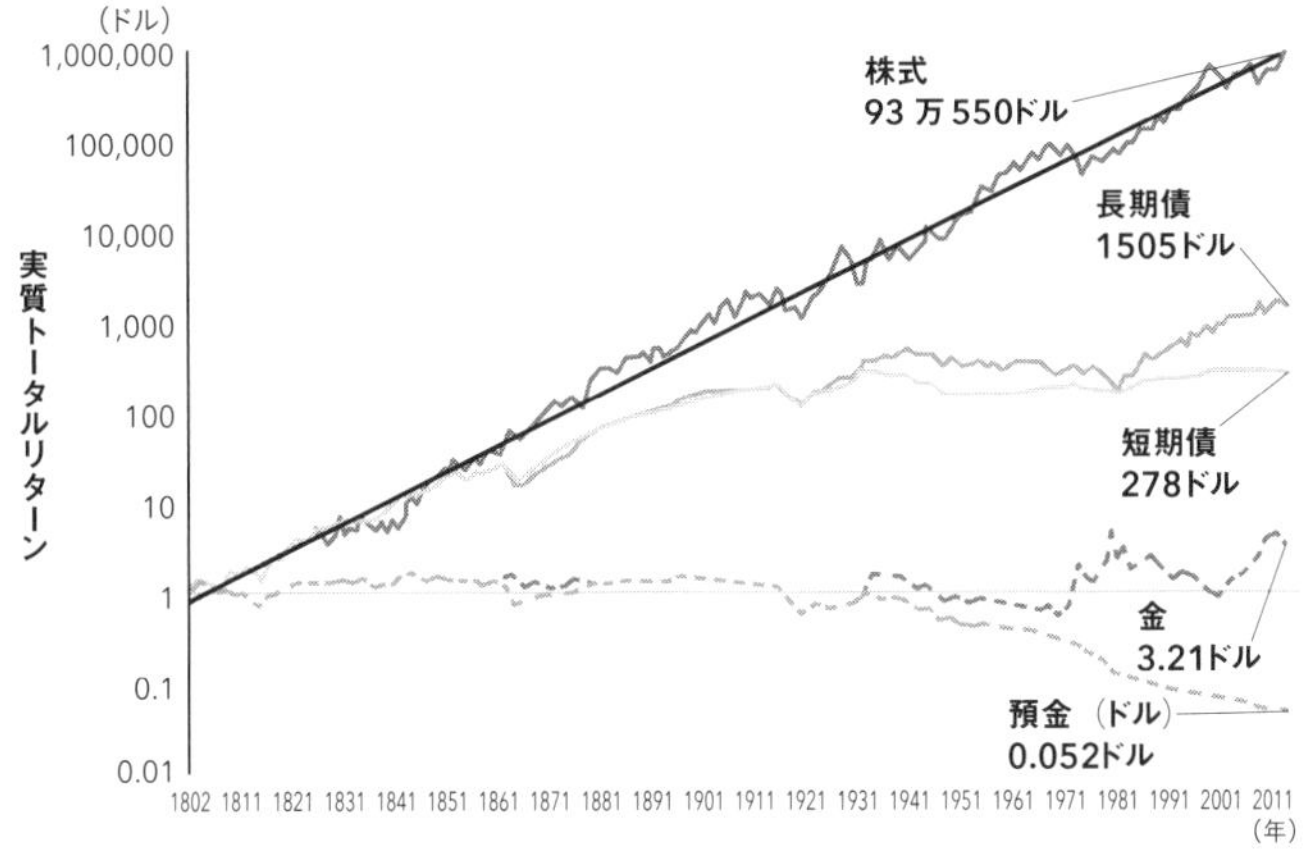

出典：American Association of Individual Investors Journal,August 2014

ちなみにこちらは米国のデータをもとにつくられたものですが、世界的に見ても株式の伸びが一番高いことが知られています。

そしてこのどこに投資をするかというのは、わかりやすく言えば、自分と一緒に働いてくれる「お金ちゃん」を「株式」「債券」「金（ゴールド）」「現金」のどこに就職させるのか？　って話なのです。そう考えたときに、私は過去の給料が一番高い「株式」を就職先に選んだって感じですね。

株式投資は、ほんの30年前まで、基本的にお金持ちしかできないものでした。というのも、手数料も高いしある程度まとまった資金がなければできなかったからです。

しかし、2000年代に入るとネットを通して株式投資ができるようになり、手数料がどんどん安くなっていきました。

私自身このおかげで、庶民ながらも今の資産をつくることができたと言っても過言ではありません。

また、最近は少額から分散投資も手軽にできるため、私はこの「小さな資本家」になるのに、

- **長期で一番リターンが期待できる**
- **誰でも少額から始めることができる**

という2点からも、この「株式投資」が最適であると思っています。

ただし、ネット証券を通して買える株式投資の種類は数多《あまた》あり、その商品選びを間違えるとハイリスクにもなり得ます。

リスクとリターンはイコールなので、大きなリターンを期待してリスクを背負った場合、一攫千金もあれば頑張って働いて得た大切な「お金ちゃん」を失うことも。

そのため、私がこの本でおすすめするのは、**株式投資の中でもリスクを抑えた方法**です。

それは、**大きな資本家ではなく、小さな資本家を目指しているから。**

また、運や能力に左右されず、**多くの人にとって少しでも再現性を高くしたいから**です。

ゆるＦＩＲＥを５年続けている私の現状

私は現在、自分の人生のモットーに則って、楽に生きるためにお金にも働いてもらい、楽しく生きるために生きがいとなるライフワークを見つけ、その仕事を好きなだけするという毎日を送っています。

そう、まさに私自身が今このように、**資本家と労働者のハイブリッドで生活をしている状況**です。

このような、資産収入（お金ちゃんの給料）と労働収入（自分の給料）の両方を得る状況をサイドＦＩＲＥ（本書では「ゆるＦＩＲＥ」と表現）といいますが、私は２０１８年の末から現在まで約5年間、このサイドＦＩＲＥを継続中です。

私の場合は、３０００万円の資金を用意し、そのお金にも一緒に働いてきてもらいました。資本の収益率は5％程度のため、毎年、生活費として配当金分である２・

ゆるFIRE資金3000万円(2018年末)→5109万円(2023年9月)

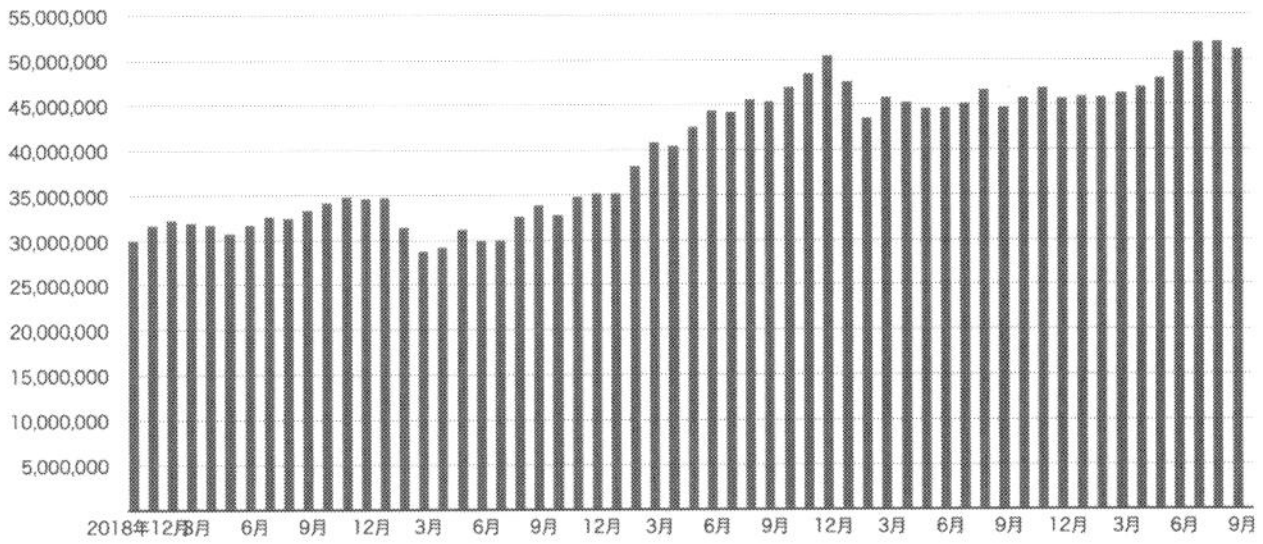

※こちらは独身時代に貯めたゆるFIRE資金3000万円のみの数字のため、それ以外の資産(その他預貯金、iDeCo、セミリタイア後の収入、夫の個人資産、夫婦共有の資産など)は含まれておりません。

5%は使ってきましたが、それでもこの3000万円は現在5000万円を超えるまでに増えてくれています。

私はたびたび、自分の資本を漫画『ジョジョの奇妙な冒険』に出てくる「スタンド」にたとえています。

スタンドとは自分の精神の力が具現化した存在で、修行をするにつれてどんどん強くなっていきます。スタンドの力は未知数で、本体である人間の域を超えた超絶的な能力を発揮します。これを「r>g」に当てはめると、「r(=スタンド)>g(=本体)」という感じになりますね。

そしてまさに私本体よりも、この「お金ちゃん」という名のスタンドのほうが、どんどん強くなっていっています。

今はまだ私自身も若く、労働力もそこそこありますが、逆転する日（資産収入＞労働収入となる日）も近いんだろうなぁと思っています。

実際に始めたら、こんなに増えました

今回は私の運用状況だけでなく、私の前著『ゆるＦＩＲＥ』の編集を担当してくださったＫさんの運用状況も、ここで紹介させていただきたいと思います。

Ｋさんはなんと、私の本の編集をきっかけに、資産運用を始めてくれました。そして本の通りに口座を開設＆銘柄を選定し、次のように運用していったそうです。

- **２０２２年に楽天カード決済で月５万円の積立投資を開始**
  （つみたてＮＩＳＡ口座に３万３３３３円、残りを特定口座へ。いずれもインデックス投資）
- **２０２２年にｉＤｅＣｏで積立投資を開始**
  （月２万円→途中で月２万３０００円に増額。インデックス投資）

そして、約1年半後の結果が、次の通りです。

つみたてNISAと特定口座

iDeCo

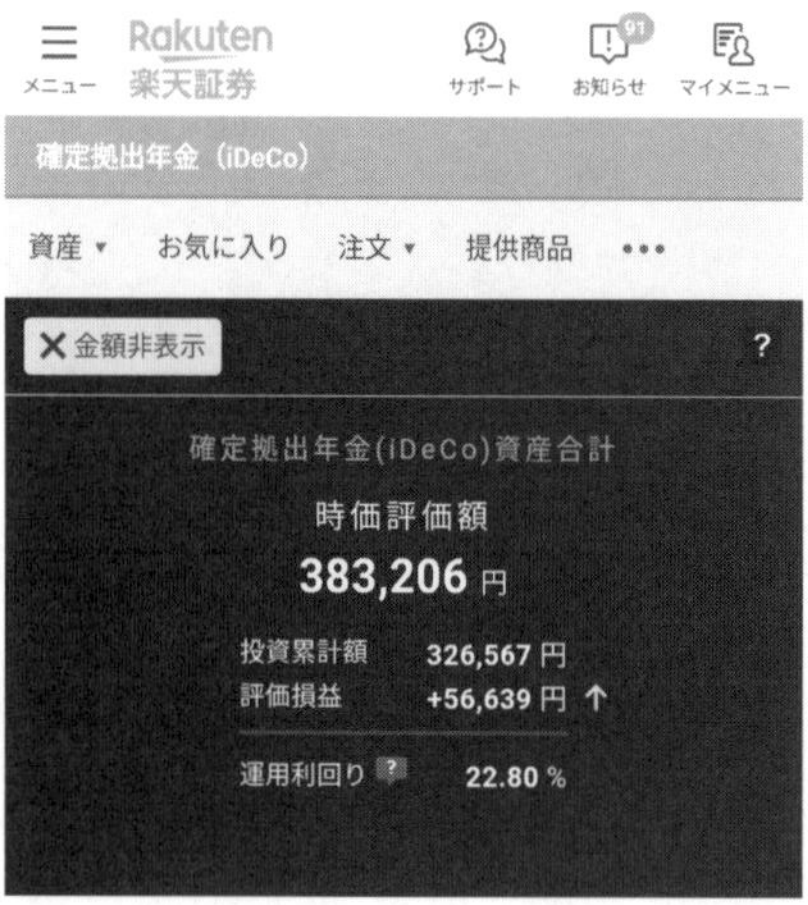

ご覧いただくとわかる通り、**評価損益額はいずれもプラスになっています**。つみたてＮＩＳＡと特定口座は商品によってプラス11～20％となっており、全体の運用利益も15％を軽く超えている状況で、ｉＤｅＣｏにいたっては22・80％にも！

このように、まったくの初心者でも問題なく始められ、実際に利益も出ているので私もほっとしています。

ちなみに、私は結婚しており夫がいますが、その夫は結婚当初貯金はほぼなく、むしろ各種ローンがある状況でした。そのため、夫も結婚後にイチから「小さな資本づくり」を始めた一人。

夫もＫさん同様、基本は投資信託の積立を中心に行っています。そしてもちろん新ＮＩＳＡも活用する予定なので、新ＮＩＳＡについての夫の戦略も後ほどご紹介したいと思っています。

NISAのバージョンアップで、資産形成が楽になる

みなさん、NISAは活用していますか？　NISA（少額投資非課税制度）は2014年に始まった制度で、2024年から大幅にバージョンアップします。

私もこれまでのNISAも活用してきましたが、**今までとは比べ物にならないくらいお得なものに変わりました。**

新NISAの詳しい解説や運用方法については後で書きますが、特徴としては、

- **最大1800万円まで非課税で運用が可能**
- **運用期間が無期限**
- **旧NISAも引き続き継続可**

という感じ。

そのため、**これから「小さな資本家」を目指して資産形成する人にとっては、かなりの追い風**となります。

ただ、中には「そんなこと言われても投資する余裕なんてないよ」って方もいらっしゃいますよね。

しかし、先にも言ったように、それまでお金持ちの特権だった株式投資が、ネットの普及によって我々庶民にも開放されたのです。

そのため、それを使わない手はないと私は思っています。

また、実際のところ、日本において「食べていくのが厳しいほどの絶対的貧困」はほんのわずかしか存在しません。

そのため、今は投資に回せるお金がまったくないという方も、今の生活を少し見直して、少額からでも一緒に始めてみませんか？

第2章

インデックス投資に勝つのは至難の業

株式投資って、何をどうしたらいいの？

投資をすることによって小さな資本家になることが今後いかに重要であるか、そして投資では株式投資がおすすめであることはわかっていただけたかと思いますが、じゃあいざ株式投資を始めるにしても、

・どの国の株を買えばいいの？
・どの業種の株を買えばいいの？
・個別株？　投資信託？　ＥＴＦ？
・インデックス型？　アクティブ型？
・円建て？　ドル建て？

という疑問があると思いますし、それが決まったら今度は、

- **どの証券会社で買えばいいの?**
- **どの口座で買えばいいの?**
- **いつ、いくら買えばいいの?**
- **100%株式でいいの?**

など初めはわからないことだらけかと思います。

そのため、これらをひとつずつ順に解説していきたいと思います。

また、投資をする上では**資本を大きくしていく**「**資産形成期**」と、**その資本を使っていく**「**資産活用期**」の2つのステージがあります。

最初は資本を大きくしていかなくてはいけないため、それに合った投資方法を選ぶ必要があります。そして、ある程度資本が大きくなったら、今度はそれを効率よく活用できる方法にシフトしていくイメージですね。

さらに、長く投資を続けていくと、投資資本が1億円を超えてくる可能性も十分にあります。

そうなってくると債券やＲＥＩＴを組み入れたり、それ以上に大きくなれば現物の不動産の保有も検討したりと、資産配分（アセットアロケーション）を変えていく必要が出てきます。というのも、このくらいの規模になってくると、資産は「増やす」というよりは相続対策も含め「守る」ことが主な目的となるためですね。

同じ理由で、60歳以降の運用も、株式以外の資産セクターを徐々に入れていくことになります。

しかし、今回はあくまで「小さな資本家」がテーマ。

そのため、現役世代の20～50代が「株式投資」でイチから資産形成をしていくという想定で、解説をしていきます。

資産形成期におすすめなのは、やっぱりこれ！

どの国の株を買えばいいの？

これに関しては私自身いつも言っていることですが、今後どの国の株が上がるかなんて私にはわかりません。

というか、未来のことなので誰にもわからないはずです。

専門家の方がある程度は予想しているものの、それが当たる保証もありませんよね？　また、**株式投資は生涯を通してやるもの**なので、数年後は予測がついても、あと30年後、50年後ともなると、今とはガラッと変わっている可能性もあるわけです。

実際に、約30年前は時価総額上位の銘柄の多くを日本企業が占めていたのをご存じですか？（41ページ参照）しかし、今は逆に一つも見当たりません。そのくらい、株式の世界は30年で様変わりするものなのです。

そのため、「どこが上がるかわからない」ということを念頭において、一点集中はせずに、**なるべく多くの国にベットすること**を私はおすすめしたいと思っています。

どの業種の株を買えばいいの？

国と並んで、どの業種の株を買えばいいの？　という声も多いです。

しかし、今後どの国が発展していくかと同じくらい、**どの業種が発展していくのかもわかりません**。

現在はＩＴ系の企業が上位を占めていますが、30年前はどうでしょうか？

表のように、国だけでなく業種も様変わりするものなのです。

そのため、ここも同じく、わからない以上は下手に予想せずに、**なるべくいろいろな業種に分散させて買う**のが正解です。

世界の時価総額ランキング(1989年、2023年)

1989年			2023年	
企業名	時価総額(億ドル)	順位	企業名	時価総額(億ドル)
NTT(日本)	1638	1	アップル(米国)	2兆6090
日本興業銀行(日本)	715	2	マイクロソフト(米国)	2兆1460
住友銀行(日本)	695	3	サウジ・アラビアン・オイル(サウジアラビア)	1兆8931
富士銀行(日本)	670	4	アルファベット(米国)	1兆3302
第一勧業銀行(日本)	660	5	アマゾン・ドット・コム(米国)	1兆584
IBM(米国)	646	6	エヌビディア(米国)	6860
三菱銀行(日本)	592	7	バークシャー・ハサウェイ(米国)	6756
エクソン(米国)	549	8	テスラ(米国)	6564
東京電力(日本)	544	9	メタ・プラットフォームズ(米国)	5494
ロイヤル・ダッチ・シェル(米国)	543	10	ビザ(米国)	4753

※ダイヤモンドオンライン、ブルームバーグから作成。1989年は12月31日、2023年は3月31日時点。

個別株？　投資信託？　ＥＴＦ？

株式には、トヨタやアップルなどそれぞれの企業の株を直接買う方法と、いろいろな企業の株がちょっとずつ詰め込まれたパック商品を買う方法の2つがあります。

そしてそのパック商品を「投資信託」と呼びますが、投資信託には市場に上場しているＥＴＦ（上場投資信託）と、非上場の通常の投資信託が存在します。

整理すると、次の3つがあるイメージですね。

【個別株】トヨタやアップルなど市場に上場している企業の株
【投資信託】いろいろな個別株やその他投資商品が入ったパック商品
【ＥＴＦ】市場に上場している投資信託

個別株とＥＴＦは市場でしか売買できないため、市場が開いている時間帯にしか買えない代わりに、リアルタイム価格で売買できます。

投資信託は取り扱っている証券会社や銀行、郵便局など幅広い場所でいつでも買え

個別株、投資信託、ETFのイメージ

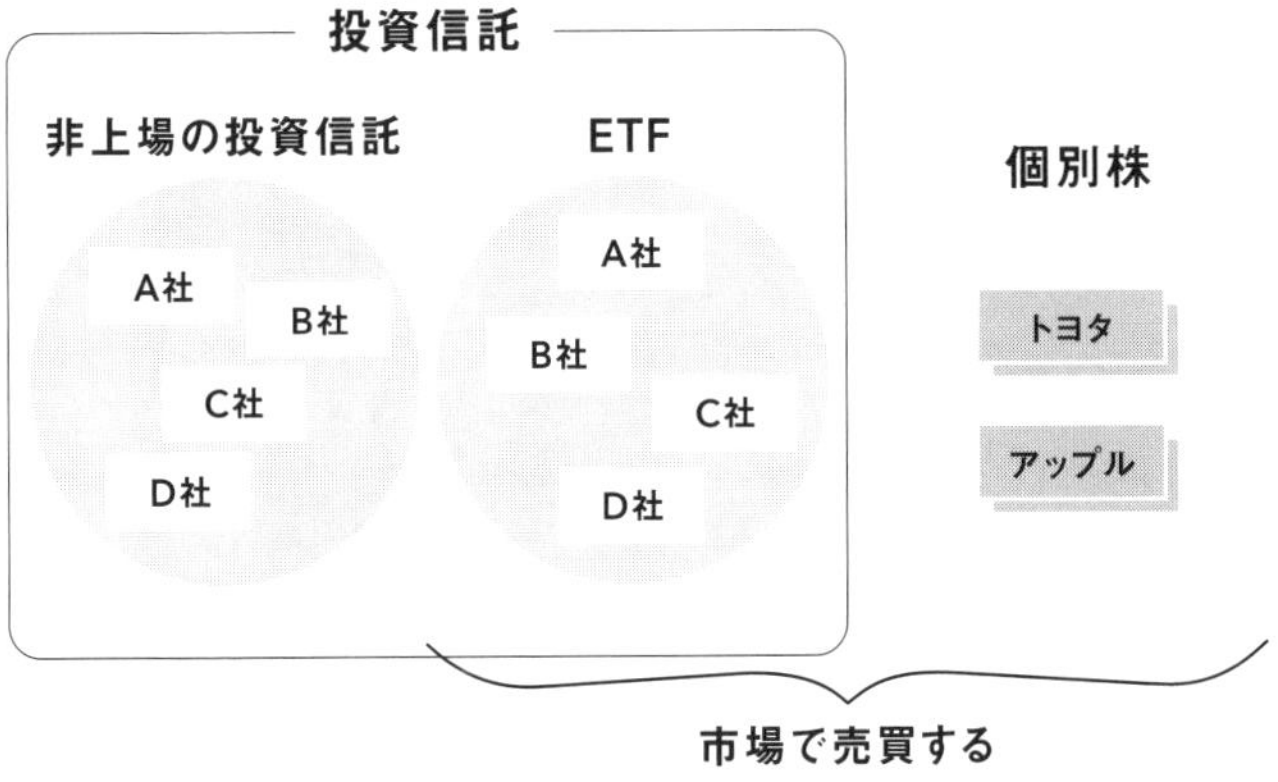

ますが、その代わり数日のタイムラグが発生します。

このようにそれぞれ一長一短あるわけですが、私がおすすめするのは前述の通り、**多くの国や業種にベットできる商品。**

そのため、**選ぶべきは個別株ではなく、投資信託になります。**

そして、数日のタイムラグは長期投資においてはさして問題とならないため、私は**一番買いやすく種類も豊富な「非上場の投資信託**」をおすすめしたいと思います（以後、非上場の投資信託を「投資信託」と表現します）。

インデックス型？　アクティブ型？

投資信託には大きく分けて「インデックス型」と「アクティブ型」が存在します。インデックス型は、日経平均やNYダウ、S&P500などの指標に連動するもの。運用の手間がかからない分、運用コストが安いのが特徴です。

一方でアクティブ型はそれぞれのファンドが独自に構成を組んで運用しているものなので、運用の手間がかかる分、運用コストも高いのが特徴です。

このように見ると、プロが独自に運用しているアクティブ型のほうが成績がいいのでは？　と思ってしまいがちですが、**過去のデータ上、インデックス型のほうが好成績であることがわかっています。**

投資本として有名な『敗者のゲーム』や『ウォール街のランダム・ウォーカー』において、**アクティブ型の4分の3はインデックス型に負けている**とデータでしっかり示されていますし、S&Pダウ・ジョーンズ・インデックス社やモーニングスターの調査でも、**アクティブ型がインデックス型に勝てる確率は20〜30%**と結論づけています。そのため、**ここは迷うことなくインデックス型でＯＫです。**

円建て？　ドル建て？

株を買う際、日本で上場している個別株やＥＴＦなら円建て（日本円で買う）、米国で上場している個別株やＥＴＦなら米ドル建て（米ドルで買う）となります。

日本で販売されている投資信託は、内容が海外株であろうが日本株であろうが、基本は円建てです。

たとえばＳ＆Ｐ５００に連動した商品の場合、

【米ドル建てなら】米国ＥＴＦのＶＯＯ

【円建てなら】ｅＭＡＸＩＳ Ｓｌｉｍ 米国株式（Ｓ＆Ｐ５００）

みたいな感じですね。

で、どちらを買えばいいの？　という点に関しては、私は**円建てをおすすめしてい**

ます。理由は、

①円をドルに替える（ドル転）、ドルを円に替える（円転）手間がない

②ドル建ての場合、外国税が10％かかっているので、それを取り戻そうと確定申告が必要になる

③株ではなく外貨の状態で保有している場合（配当金など）、為替差益は雑所得となり確定申告が必要になる

という感じで、ドル建てで買うといろいろ面倒くさいから。

②に関しては、後で紹介する非課税のＮＩＳＡであれば二重課税になっていないので無関係ですが、課税口座の場合はファンド内で10％を控除してくれる円建ての投資信託を選んだほうが楽です。

このように、とにかくいろいろな手間が増えることを考えると、**とくに初心者は円建てにしておくことをおすすめしたい**と思います。

ここまでをまとめると、投資初心者がまず資産形成のために買うべき金融商品の

キーワードは、

- **多くの国**
- **多くの業種**
- **投資信託**
- **インデックス型**
- **円建て**

ということで、**「多くの国や業種に分散投資できる、インデックス型の円建て投資信託」が最強**となります。

結局多くの人がすすめるインデックス型？　と思われる方もいらっしゃるかもしれませんが、過去の実績と今後の期待値、どちらをとっても結局こうなるんです。

さらにこのインデックス型の投資信託の場合、配当金は再投資型のものが多いため、資産を大きくする段階の形成期にはもってこい。これに当てはまる具体的な商品は、第5章で紹介しますね。

どこでどのように買うのがおすすめ？

さて、どのような商品を買えばいいのか大体わかったところで、次はそれをどのように買うか？　です。

どの証券会社で買えばいいの？

証券会社は今や日本だけでも３００社弱も存在し、また、投資信託であれば銀行などでも買えます。

ただし、**選ぶべきはネット証券一択**です。理由は、**手数料が安い＆勧誘がない**から！（ネット証券の中でもおすすめの証券会社は、１１７ページから解説）

不安だから担当の方がついてくれる対面型のほうが安心という方もいらっしゃるかもしれません。しかし、対面の場合は同じ商品でも売買手数料が高いものが存在するだけでなく、手数料が高い商品をすすめてくる可能性が高いのです。

これは向こうも商売なので仕方がないですよね。

実際、私自身は対面型の証券口座も持っており、そこですすめられて手数料が激高の毎月分配型投資信託を買ったことがあります。

しかし、悲しいことに、パフォーマンスは手数料が激低のS&P500連動のインデックス型投資信託に惨敗しております……。

どの口座で買えばいいの？

無事に証券会社が決まったら次は口座の開設になりますが、口座にも種類があり、現在選べるのは、次の4種類です。

【非課税口座】ＮＩＳＡ口座
【課税口座】源泉徴収ありの特定口座／源泉徴収なしの特定口座／一般口座

非課税である**NISA口座はマストとして**、課税口座も開設が必要なため選ぶとしたら、税金の計算も納税も自動でやってくれる「**源泉徴収ありの特定口座**」がおすすめです。

簡単に言うと、源泉徴収なしの特定口座は税金の計算はしてくれるけど源泉徴収はないので確定申告をして自分で納税が必要で、一般口座は税金の計算も納税も自分でする必要があります。

そのため、何か特別な理由があって自分でやる必要がある方以外は、「**源泉徴収ありの特定口座**」**を選んでおきましょう。**

また、ちょっと方向性は違いますが、同じように非課税で株式が運用できる「確定拠出年金」もめちゃくちゃ優秀なのでおすすめです。ただしいくつか条件がありますので、その点についてはまた後で紹介したいと思います。

いつ、いくら買えばいいの？

ＮＩＳＡ口座と源泉徴収ありの特定口座を開設したとして、使うべき順番はもちろん**非課税であるＮＩＳＡ口座から**です。

２０２４年からは、ＮＩＳＡの成長枠で年間最大２４０万円、つみたて枠で年間最大１２０万円の、年間合計３６０万円まで投資が可能に。そのため、まずはこの枠を最大限活用し、これ以上に投資したい場合に特定口座のほうを利用するという感じですね。

そして、**株式投資は長く運用すればするほど有利になる**ので、

- **いつ？　は１秒でも早く**
- **いくら？　は可能な限り多く**

が正解です。

ただし、手持ちのお金を今すぐに全額入れろということではなく、生活防衛資金、目的別必要資金、リスクヘッジとしての現金（本書では現金クッションと表現）は十分用意した上で、になります（詳しくは第4章にて）。

また、現時点である程度まとまった資金があるのであれば「一括」という選択肢もありますが、ない場合は労働収入の一部を投資に回していくことになると思いますので、図らずとも一括ではなく「積立」の投資方法になるでしょう。

一括購入？　積立購入？

こちらに関しては前述の通り、**まとまった資金がある場合は早く買える一括、ない場合は積立**です。

ただし、暴落前に買ってしまうと積立よりも不利になるケースも。そのため、なるべく早く投資には回したいものの、完全に一括はリスクが高くなるため、私はいつも**3年程度に期間を分割させた一括投資**をおすすめしています（詳しくは第5章にて）。

100%株式でいいの?

この章の冒頭でお伝えしたように、**投資資本が1億円未満であれば債券や不動産、コモディティは入れる必要がない**と私は考えています。

というのも、それらはリスクヘッジのために入れるものなのですが、**資本が小さい場合は現金での調整で十分事足りるから**です。

その分、この**リスクヘッジのための現金クッションの存在はかなり重要です**。私の場合は、常に20%の現金クッションを最低限持っておくことを推奨していますが、一般的にこの「株式:現金＝8:2」はリスクが高いとされています。しかし、「60歳未満」「1億円未満」という条件下であれば、問題ない数字だと思います。

また、これはあくまでマックスの数字。リスク許容度は人それぞれですので、株式に対する現金クッションの割合は20~50%の間で調整するとよいでしょう。

現金クッションはどのように使う？

現金クッションはどのように使うのかをご説明しますね。たとえば資金1000万円のうち800万円を株式、200万円を現金で保有していたとします（株式80％、現金20％）。

その状態で株価が50％下落すると、株式400万円、現金200万円となるため、「株式67％、現金33％」と、現金の比率が高くなりますよね？

そうしたら、現金比率を20％に戻すために株式を80万円分買い増しして、株式480万円、現金120万円にするのです。

常に「株式80％、現金20％」となるようにすれば、**暴落時には買い増し、暴騰時には利益確定もしくは新規購入を控えることになる**ため、リスク（上下の幅）を抑えることができるのです。

私自身、インデックス投資に負けています

インデックス型の投資信託をおすすめしている私ですが、私自身はというと、これで資産をつくったわけではありません。実をいうと、私は日本の個別株をメインに資産形成をしました。

じゃあなぜインデックス型の投資信託をすすめているかというと、過去のパフォーマンスを見てみると、**実際に私もインデックス型に負けていたからです。**

私は新卒から33歳の間に、年収の上昇に伴って年間100〜300万円を投資に回してきました。これで33歳の時点で3000万円を達成したので、逆算してみるとそれまでの運用成績は年利約8%です。

株式投資の平均リターンが年利5%と言われている中、8%というとすごく私が成功しているように見えるかもしれませんが、実際には私の投資が優れていたわけでも何でもありません。というのも、**この期間のS&P500の成績は、年利10%をゆ**

うに超えていたから。

個別株で年利10％以上をコンスタントに出し続けられる方は別ですが、世界一有名な投資家であるバフェットさんでさえ、生涯平均リターンは約20％。

そのため、**あえて手間のかかるインデックス型以外を選ぶ理由はない**のです。

そもそも、私が個別株投資をしていたのは個別株のほうが儲かると思っていたからではなく、

・まだネット証券では海外株式の取り扱いがなく、日本株をやるしかなかった
・投資信託も手数料が高かった
という理由から。そのため、現在のように、
・インデックス型のほうが優位であるエビデンスが豊富にある
・ネット証券で手数料がめちゃくちゃ低い優良インデックス型が買える
環境下では、インデックス型を選ばない手はないのです。

私が個別株投資からインデックス投資に至るまで

と、ここで私の投資遍歴について紹介したいと思います。

私自身、最初から順風満帆だったわけではなく、失敗を繰り返しながらここまで来ましたよ。

20歳／投資デビュー！　ビギナーズラックでいきなり利益を得る

当時、インターネット上で取引ができるネット証券が普及し始め、株取引のハードルが下がったことから、メディアでも投資が取り上げられることが多くなっていました。

同時にホリエモンこと堀江貴文氏の登場で市場も盛り上がっていたため、**私もメディアの情報に踊らされて口座を開設し、いきなり100万円を入金しました。**

なぜ１００万円も入金できた？

20歳の記念に両親から「預かっていたお年玉貯金、返すね」と渡された通帳に、ちょうど１００万円が入っていたから。

お年玉の元本は30〜40万円ほどでしたが、母がすべて年利5〜7％のゆうちょの定期預金に入れてくれていたため、ここまで増えていたのです。

そのため、20歳という若さでまとまった資金を用意できたのも、マネーリテラシーの高い母のおかげ。というか、貧乏性で財テク好きな性格は、完全に母譲りです。

当時の私には株の知識はほとんどなく、勉強もそんなにすることなく始めたため、何を買ったらいいかわからずにいました。

そんな中で、メディアで話題だった、今思えばかなりバクチ的な新興銘柄を2、3購入したんですが、最初の2カ月くらいで20万円プラスとなり、**天才か？　と勘違い**

をし始めます。

当時は今に似た状況で、誰でも利益が出しやすい地合いだっただけなんですがね……。

20〜25歳／2つのショックとともに、資産を半分以下にする

そんな順調なスタートを切って間もなく、まず起きたのがライブドアショック。この頃勢いのあった新興系の銘柄が、一斉に値下がり始めました。

私の持っている銘柄も例外なく下がり、**利益は一瞬で消え、元本割れを起こします。**

当時の私はどうすることもできず、塩漬け状態に。

売れば損が確定してしまいますので、それが怖くてできませんでした。

その後、リーマンショックにも襲われ、持っていた銘柄のうち、**2銘柄が倒産により上場廃止という事態になります。**

そのときひとつは最後まで売らなかったので、紙切れとなった株券が郵送で送られてきたのを覚えています。そのときに初めて実物の株券というものを見ましたが、ある意味貴重な体験でしたね。

これによって、**最初の100万円と追加で投資していた資金は半分以下になってしまいました。**

25~30歳／一念発起し、勉強をしながらいろいろなものに投資を始める

子どもの頃からコツコツと親が貯めてくれた100万円を半分以下にしてしまったことへの懺悔の気持ちもあり、絶対に取り返してやる！　という強い決意が生まれました。

ここからさらに下がる可能性もありましたが、**長期で見れば勝つ可能性が高い**ということも学んでいたので、私は買いに向かうことに。

その頃は、なるべく投資にお金を回したくて、貯金はほとんどせず、銀行口座にある程度お金が貯まると、すぐに証券会社の口座に移していました。

当時、日本の個別株だけではなく、毎月分配型投資信託、外国債券、REITなどいろいろな商品を買ってみました。それぞれプラスになったりマイナスになったりしましたが、やはり実際に買ってみるのが一番勉強になりますね。

そして、**投資を始めて約6年後、やっとプラスマイナスゼロの地点まで戻ってくることができました。**長かった……(笑)。

さらに2014年、米国株の売買手数料が大幅に引き下げられたことをきっかけに、私もついに米国株デビュー!

ここからやっと、私の投資人生は軌道に乗り始めたのです。

30歳~現在／セミリタイアとともにインデックス投資を開始

その後も余剰資金をほぼ株式に投入し続けていたら、33歳の時点で資産は3000万円に到達しました。

私の場合、本格的に資金を投入し始めたのがリーマンショック後という幸運もあって、一気に3000万円まで駆け上がることができました。

その後、私は会社員を辞め自営業となりましたが、この頃に三菱UFJ国際投信からeMAXIS Slim（イーマクシススリム）シリーズが出たりと、各社で手数料競争が激しくなり、良質で低価格のインデックス型の投資信託がたくさん出てきたため、私も個別株からインデックス投資に乗り換え始めました。

そして、さらに楽天証券やSBI証券でクレジットカード決済の投資信託積立ができるようになったことで、**現在の新規の購入分はすべてインデックス投資となっています。**

私の現在のポートフォリオについて

私の場合、株式投資を始めてから10年ほどは日本株を中心に売買をし、その後、米国株→インデックス投資へと移った感じです。

私は売却はほとんどせずに新規でどんどん購入してきたため、今は日本株も米国株も投資信託もごちゃ混ぜの状態になっております。

普段のブログやYouTubeでは3000万円のセミリタイア資金の詳細しか公開していませんが、私の個人資産全体のアセットアロケーション

2023年9月末時点のアセットアロケーション（資産分配）（合計82,115,511円）

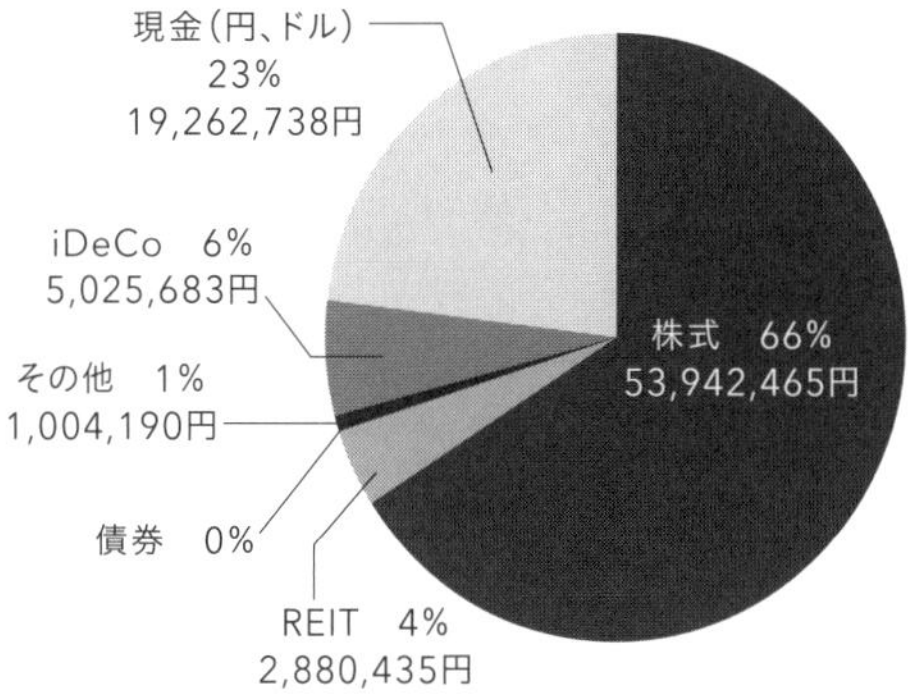

※私名義の個人資産のため、夫名義の資産は含まれておりません。

（資産分配）は前ページの通り。

そして、ポートフォリオ（資産内訳）は、左ページの通りです。

ただ、何度も言うようですが、**これが全部S&P500だったとしたら、現在私の資産はすでに億に到達しているん**ですよね。

途中で配当金や株主優待がもらえて、それはそれで楽しくいい思い出ですが、S&P500だったらすでに億り人だったのです……。

これが私のような素人投資家の現実でございます……。

管理人ちーのポートフォリオ（資産内訳）

日本株	•3465 ケイアイスター不動産 •3150 グリムス •7199 プレミアグループ •6036 KeePer技研 •2374 セントケア・ホールディング •7148 FPG •9857 英和 •3244 サムティ •6890 フェローテックホールディングス •7464 セフテック　他約50銘柄
海外株	•PG P&G •JNJ J&J •BTI ブリティッシュ・アメリカン・タバコ •TEAM アトラシアン •BP BP •T AT&T •SO サザン •TOK •VTI •SPYD •eMAXIS Slim全世界株式（オール・カントリー） •eMAXIS Slim米国株式（S&P500） •他投資信託も合わせて約20銘柄
REIT	•日本REIT投資法人などJ-REIT数銘柄 •海外REITの投資信託
その他	•アクティブ型投資信託、暗号資産など
確定拠出年金 iDeCo	•楽天・全世界株式インデックス・ファンド •楽天・全米株式インデックス・ファンドなど数銘柄

「インデックス投資ではお金持ちになれない」はウソ

ただ、たまに「インデックス投資ではお金持ちになれない」という言葉も聞きませんか?

たしかに、資産が数十億円規模の有名個人投資家の方はインデックス投資ではなく個別株だったり、エンジェル投資(起業して間もない企業に資金を出資すること)で一気に資産をつくったり……という方がほとんど。

そのため、一部の天才や強運の持ち主以外の「普通の人」がインデックス投資で「若くして」お金持ちになれないというのはホント。

しかし、**時間をかければインデックス投資でも十分お金持ちになれる可能性はある**のです。

この点については後ほど詳しく説明しますが、結局のところ株式投資でお金持ちになるためには「**①入金力を上げる**」「**②利回りを上げる**」「**③時間をかける**」のどれかしかありません。

入金力がないのであれば利回りを上げるか時間をかけるしかないし、利回りが上げられないのであれば入金力を上げるか時間をかけるしかないし、時間をかけられないのであれば入金力を上げるか利回りを上げるしかないのです。

そしてこの中で普通の人にとって再現性が高い方法は何か？　というと、「②利回りを上げる」は先ほど説明した通り激ムズですし、「①入金力を上げる」も劇的に上げるのは難しいでしょう。

その点、「③時間をかける」は年齢にもよりますが、多くの方にとって一番用意しやすい条件ではないでしょうか。

そのため、私がおすすめするのは、**①の入金力を人よりもちょっと努力して上げて、③の時間をかけてゆっくりお金持ちに近づく方法**です。

時間を味方につけて、コツコツ大きくしていこう

私自身、会社員時代の年収は300〜600万円と、決して高収入とは言えませんでした。しかし、生活をミニマルにして無駄を省き、ポイ活や副業などによって収入を増やす努力をしたおかげで、毎年100〜300万円程度を投資に回すことができました。

そして、20歳と割と早い段階で株式投資に出会うことができたおかげで、ここまで増やすことができたのです。

株式投資はよく雪だるまにたとえられます。雪玉は転がせば転がすほど、どんどん大きくなっていきますよね？　雪玉にくっつく雪の量は、たとえば、直径10センチの手のひらに収まるくらいの小さい雪玉につく雪の量より、直径1メートルの雪玉につく雪の量のほうが、表面積が大きい分はるかに多くなります。

そのため、毎年転がしていると、**指数関数的に大きくなっていく**のです。
これがいわゆる**複利**というものです。

複利って何？

金利には大きく「単利」と「複利」の2種類があり、単利は「投資元本」に対して利子がつくことなので、計算式で表すと「元本×利回り」となる。
一方で複利は「投資元本と受け取った利子」に対して利子がつくので、計算式で表すと「(元本＋前年利子）×利回り」となる。

たとえば、投資元本が100万円で年利5％の場合、
単利は毎年100万円×5％＝5万円。
複利は1年目100万円×5％＝5万円、2年目（100万円＋5万円）×5％＝5万2500円、3年目（100万円＋5万円＋5万2500円）×5％＝5万5125円と、年々増えていく。

複利がいかにすごいかがもっと視覚的に実感できるのが、左ページの上のグラフです。１００万円をピケティさんの言う資本の平均収益率に合わせて年利５％で１００年運用すると、いくらになると思いますか？　なんと約１億４６８８万円！

今は人生１００年時代と言われていますので、**生まれたときに１００万円投資すれば死ぬ頃には億り人になれちゃう**わけです。

また、月５０００円の積立でも、１００年続ければ約1億７５０６万円に（左ページ下のグラフ）。

実際に１００年運用できる人は限られているかと思いますが、**大金じゃなくても時間さえ味方にすれば、これだけ増える**ということを実感していただければ幸いです。

ただし、時間をかければこのように増えるとは言っても、最初の雪玉（投資元本）

100万円を年利5%で100年運用すると……

運用利回り(年)/5%
初期投資額/100万円
毎月の積立金額/0万円
積立期間/100年

100年後の運用資産額
約146,880,000円

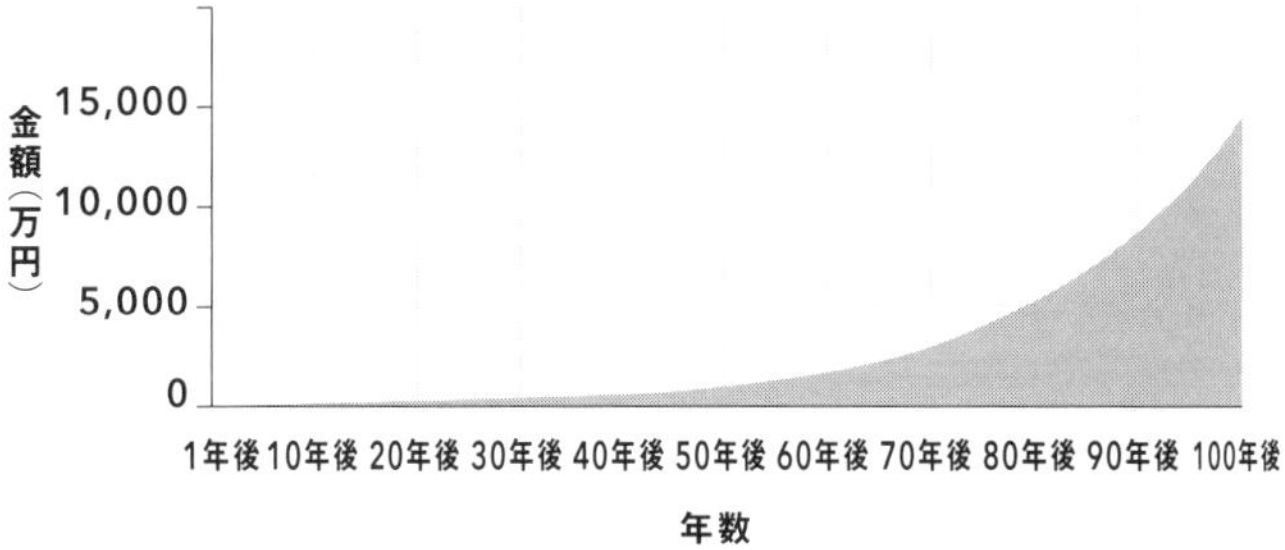

月5000円を積み立てて年利5%で100年運用すると……

運用利回り(年)/5%
初期投資額/0万円
毎月の積立金額/5000円
積立期間/100年

100年後の運用資産額
約175,060,000円

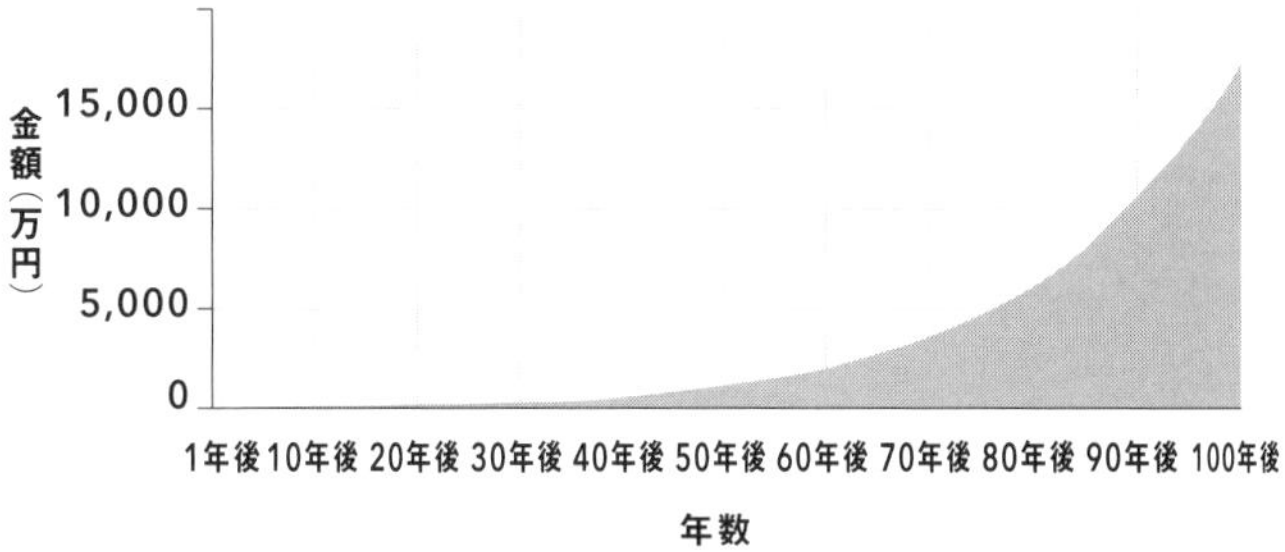

が1円だったら100年運用しても1万4688円程度にしかならないのも事実。

そのため、先ほどお伝えした通り、**①の入金力、③の時間の両方でゆっくりお金持ちに近づくこと**が、一番多くの方にとって再現性が高い方法となるのです。

第3章

結局、NISAとiDeCoなんです

「運用益非課税」の破壊力はすごい！

株式投資によって得られる利益には、保有する株式が買値より高くなった場合に発生する「**譲渡益**」と、保有する株式から配当金が支払われた場合に発生する「**配当金**」の2つがあり、**それぞれ通常は20・315％の税金がかかります。**

株式の運用益にかかる税金20・315％の内訳は？

・所得税　15％
・住民税　5％
・復興特別所得税　0・315％（2037年12月末まで）

たとえば10万円の譲渡益もしくは配当金が発生した場合はそこから2万315円が引かれるため、受け取れる利益は7万9685円となる。

しかし、NISAと確定拠出年金（DC、iDeCo）の場合は、**この運用益にかかる税金が非課税のため、この10万円は満額受け取ることができる**のです。これが100万円になれば、税額は約20万円とかなり大きな金額に。そのため、「**非課税である」というのは、株式投資をするにあたってとても重要**になってくるんですよね。

実際、私はNISAが始まった2014年から2020年までは一般NISA、2021年から2023年まではつみたてNISAを利用してきて、その運用益はトータルで500万円ほど。ということは、**これが課税口座だったら実に100万円もの税金を納めなくてはいけなかった**わけです。

ただし、このNISAが始まった2014年は、軽減税率が廃止された年でもありました。それまで約10％（所得税7％、住民税3％、復興特別所得税0・147％）だったものが、一気に倍の約20％になるということで、NISAはいわばその代わりに用意された制度だったのです。

最初は「こんなもので誤魔化しやがって〜」と、私を含め多くの投資家の方が怒っていましたが、これは実質「富裕層への増税」だったんだなと今では理解しています。

というのも、「約10％の課税口座のみ」から「約20％の課税口座と0％の非課税口座」の2つに分かれたことになるので、そこまで資金力のない普通の人にとっては、後者のほうが有利になる可能性が高いからですね。

そして、2024年からは非課税の枠が一気に1800万円まで拡大します。

普通の人にとっては、これだけの枠があれば十分ではないでしょうか。


また、私は確定拠出年金も2008年から利用しており、会社員時代に入っていた企業型DCから現在のiDeCoまでで運用益はトータル200万円ほど出ています。そのため、こちらでも約60万円分もの税金が非課税になっているということです。

しかも、確定拠出年金は運用益に加えて、所得税・住民税も節税できているんですよね。確定拠出年金についてはちょっと気をつけて運用する必要はありますが、うまく使えば、**NISAよりもお得になる素晴らしい制度**なのです。

億り人より、目指すは3000万円

第1章にて「小さな資本家になって、お金にも一緒に働いてもらおう」と言いましたが、具体的にいくらを目指せばいいのでしょうか？

それはズバリ、3000万円です。

この3000万円という数字は、**人によっては大きく感じるし、人によっては小さく感じる絶妙なライン**と言えるでしょう。

私自身、10年前は途方もなく大きい金額だと思っていましたが、資産もある程度育った今は、少し小さく感じるようになりました。

しかし、この3000万円という金額は、振り返ると私にとってとても大きな転換点だったと思っています。というのも、この3000万円に到達したときに、「お金が働くとはこういうことか！」と実感できたし、自分のスタンド（分身）としてとても頼もしく思えたからです。

また、漠然と感じていた経済的な不安も解消されたように思います。

資産が倍以上に増えた今も、そのときから精神的な変化はそれほど感じていません。そのくらい3000万円という金額は、私に大きな精神的安定をもたらしました。

そのため、多くの人にこのラインをまずは目指してほしいと思っています。


また、多くの人にとって現実的に達成可能なラインという意味でも、3000万円は「小さな自由が買える小さな資本家」のラインとしてふさわしいと考えています。

実際、億り人と呼ばれる資産1億円以上になるためには、人より高収入であるか、極端に低支出であるか、もしくは老後でないと達成できません。

もちろん目指すのはアリですが、達成できるのは限られた人のみ。そのため、まずはこの3000万円を目標において、それが達成できてから次の目標として億り人を目指しましょう。

3000万円で手に入る小さな自由

とは言っても、たった3000万円で何ができるの？　何が変わるの？　って方もいらっしゃるのではないでしょうか？

ということで、次に3000万円で具体的にどういったことができるのかについてまとめておきたいと思います。

精神安定剤になる

これは前述の通り、私は3000万円で「あ、なんかもう私大丈夫かも」みたいな、**とてつもない安心感**を得ました。

ただ、これはあくまで私の主観でしかなく、10億円あっても不安な人はいるし、逆に1円もなくても全然不安に感じてない人もいるでしょう。

このように結局は個人差があるので、安定剤として効くかどうかは到達してみないとわかりません。そのため、ぜひ実際に到達して確かめてみてほしいと思っています。

生命保険が不要になる

公益財団法人生命保険文化センターの「生命保険に関する全国実態調査」（平成30年度）によると、死亡保険金の平均は2255万円とのこと。保険というのは自力で賄えない事態に備えるものなので、すでに3000万円ある場合は、さらに死亡保障に入る必要はありませんよね。

また、病気や怪我の際も手持ちの資金で十分費用は賄えるため、医療保険も必要なくなります。

要は、**3000万円が自前の生命保険になる**、という感じですね（ただし、必要ではなくなるだけで、入ってはいけないわけではありませんよ！）。

家がキャッシュで買える

現在、住宅ローンの借入金額の全国平均は1500〜3300万円。ということは、3000万円あればほぼ完済できるレベルと言えるのです。

ただし、だからと言ってキャッシュで買うことは推奨していません。というのも、2023年10月現在の住宅ローン金利は変動の場合1％以下、固定でも1〜2％とかなり低いからです。

そのため、これは「**金利が上昇したときにいつでも一括返済できる**」**という気持ちの上での余裕につながる**、という意味ですね。

結婚相手の幅が広がる

これは私の体験談になりますが、私は夫から「自分は貯金がないどころかローンを抱えているので結婚はできない」と言われていました。

しかし私はすでに3000万円を超える資産を保有していたため、「**ローンは私が**

秒で返すから大丈夫！　お金の面は任せて」と猛アピールして、無事、結婚できたのです。

現在、金銭的不安から結婚や子どもを諦める人たちも出てきています。

そんな中、３０００万円あれば、多少負債がある人とも結婚する決断ができるようになりますよ！

資産収入（お金ちゃんの給料）が月８万円手に入る

第１章でも解説した通り、資本の収益率は平均年約５％と言われており、ＦＩＲＥ界隈で有名な４％ルールの研究結果においても、資産のうち株式が75％の場合、60年間資産が枯渇することなく得続けられる確率は、

- **毎年４％の取り崩し　85％**
- **毎年３・５％の取り崩し　97％**

・毎年3%の取り崩し　100%

とされています。

ということは、3000万円の場合、**3・2%分にあたる年間96万円なら、毎年取り崩して使ってもほぼ100%大丈夫**ということになるのです。

月に換算すると8万円。

これだけ毎月自由になるお金があれば、今よりかなり充実した毎日が想像できませんか？

また、3000万円でもう資産形成は終わりにする場合、それまで投資に回していたお金も浮くわけです。

そのため、3000万円達成後は年間96万円の運用益にプラスして、それまで投資に回していた分も自由に使えるお金になっちゃいますよ！

コップから溢れた分を飲んで楽しむ

このように3000万円あればさまざまなことに使うことができるわけですが、できればそこから発生する運用益のみ使っていき、**3000万円の元本はなるべく維持していくことをおすすめしたい**と思います。

というのも、3000万円の元本部分を使ってしまうと、その後に得られる運用益（お金ちゃんの給料）も減ってしまうから。

今回はFIREのように資産収入だけに頼って生活していくわけではなく、あくまで今の生活に小さな自由を加えるためのもの。

そのため、実際には市場状況によって運用益はプラス8%になったりマイナス5%になったり変動するため、「毎年96万円取り崩す」というふうに金額を固定せずに、3000万円から溢れた分だけを使っていきましょう。

よくこれを

・コップから溢れた水だけ飲む

とか

・金のニワトリが産んだ金の卵だけ食べる

とかたとえますが、「コップ自体や金のニワトリ＝元本」を使ってしまえば、もうそこから「水や金の卵＝不労所得」を得ることができなくなってしまうから。

複利の雪だるまの例で言うと、転がしてついた雪の分だけ使えば永遠に雪だるまは小さくなりませんが、それ以上に使ったら雪だるまは小さくなってしまいますよね。

3000万円から得られる運用益だけを毎年使う限りは、3000万円はずっと3000万円ですが、元本を半分使ってしまって1500万円になったら、得られる運用益ももちろん半分になります。

なぜこのように、元本の3000万円はそのまま維持することをすすめているかというと、**その3000万円は老後になったら「老後の資金として流用」するため**

です。

この老後の資金については第6章でまた詳しく解説しますが、3000万円に到達してからは

- **60歳まで…3000万円から溢れた運用益のみ使う**
- **60歳から…3000万円自体を徐々に使っていく**

というのがおすすめの資産活用法です。

もちろん病気や怪我などの不測の事態が起きたり、金利上昇によりローン返済が必要になったりすれば、その3000万円自体を使う必要が出てきますが、そういった緊急事態が起きない限りはなるべく温存でいきましょう。

3000万円なら、全額非課税でつくれます！

そしてこの3000万円の素晴らしいところが、この規模であれば**新NISAを使って全額非課税でつくることが可能**な点です。

先ほども説明したように運用益にかかる約20%の税金は結構重いので、これがかからずに運用できるのはかなりのメリットとなるんです。

でも、NISAの枠は最大1800万円までなので足りないじゃないか！と思われる方もいらっしゃるかもしれませんが、ご安心ください。この1800万円は簿価《ぼか》ベースなので、その後、運用によっていくらに増えようが問題ないのです。

簿価ってどういうこと？

簿価とは「投資元本」のことで、「当初買い付けた価格＋買い付けにかかった手数料など」が簿価となる。

たとえば100円で買ったものが120円に値上がりしても、簿価は100円で計算される。

実際にNISAで月8万円積立&現金クッションとして月2万円貯蓄をした場合、年利5%で運用できれば、17年2カ月でNISAは2600万円を突破するので、現金クッション分の約400万円を合わせると、無事3000万円に到達できるのです。

そして投資元本は8万円×17年2カ月分=1648万円なので、NISAの上限にもちゃんと収まっているんですよね。

逆に言うと、**3000万円とは言っても、自力で貯めなくてはいけない金額は投資元本と現金クッションの合計約2000万円ということです。**もちろん積立額や運用成績によって数字は変わってきますが、1800万円の枠であれば、十分に足りると思います。

現金クッション412万円と合わせて3000万円に到達!

運用利回り（年）／5%
初期投資額／0万円
毎月の積立金額／8万円

17年2カ月後の運用資産額
約26,020,000円

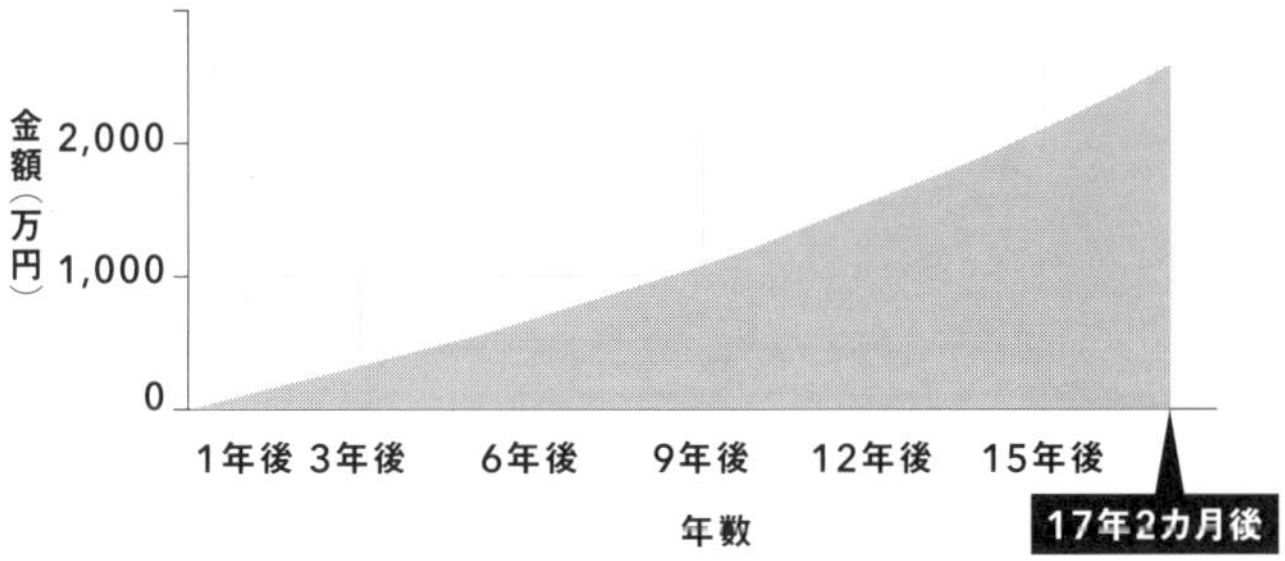

また、もしこれがNISA口座ではなく普通の課税口座（特定口座や一般口座）であれば、運用益の約１０００万円から実に約２００万円もの税金を支払わなくてはいけません。しかし、**NISA口座であればこれが0円なのです。**

そのため、３０００万円に到達してから使っていくフェーズでも、運用益から１円も引かれることなく、まるっと受け取ることができちゃうのです。

非課税の威力も時間とともに増していく

今回は3000万円に到達してからは追加投資をやめて、運用益は使っていく想定ですが、もしそのまま使わずに運用を続けたらどうなるのかも見てみましょう。

- **10年後…約4287万円**
- **20年後…約7058万円**
- **30年後…約1億1625万円**

なんと30年後には1億円の大台に到達します。投資元本は約1600万円なので、運用益はちょうど1億円。ということは、その20%分の**約2000万円もの大金を、NISA口座であれば節税できちゃう**のです！

先にも説明したように、複利の効果で運用期間が長くなればなるほど、利益の幅は大きくなっていきます。そのため、節税効果も絶大なものになっていくんです。

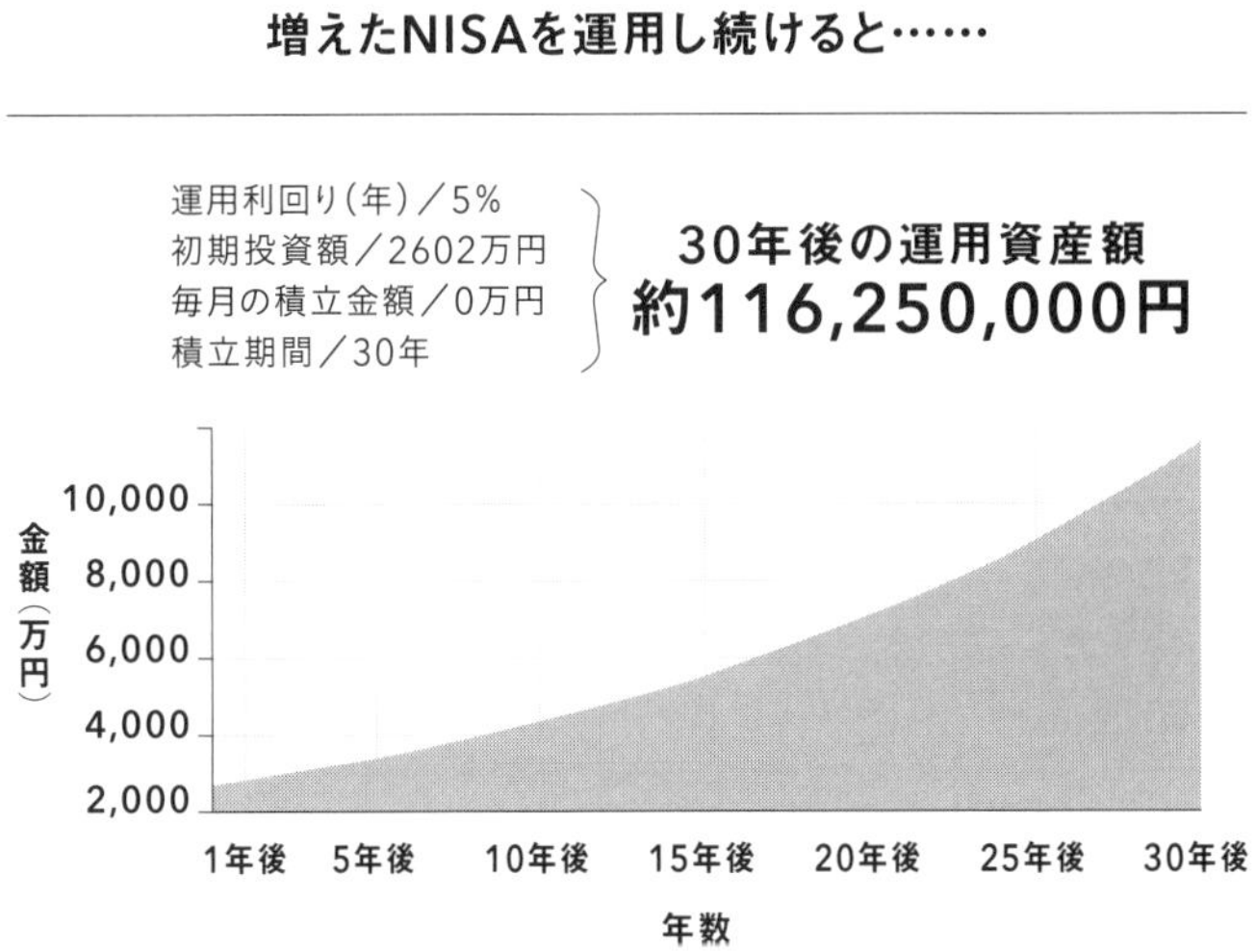

もちろんこれは、溢れた運用益を一滴も飲まなかった場合ですが、新NISAのもうひとつの特徴として運用期間は無期限(名義人が亡くなるまで)のため、30年、40年と運用する可能性はあります。

さらに、例として、もしNISA口座が開設できる18歳から最短の5年で上限の1800万円を埋めることができたとすると……。

【42歳となる20年後】

・約4883万円(運用益3083万円)

【62歳となる40年後】

・約1億3245万円(運用益1億

18歳から最短でNISA口座に1800万円入れると……

運用利回り（年）／5%
初期投資額／1800万円
毎月の積立金額／0万円
積立期間／77年

77年後（100歳）の運用資産額
約839,140,000円

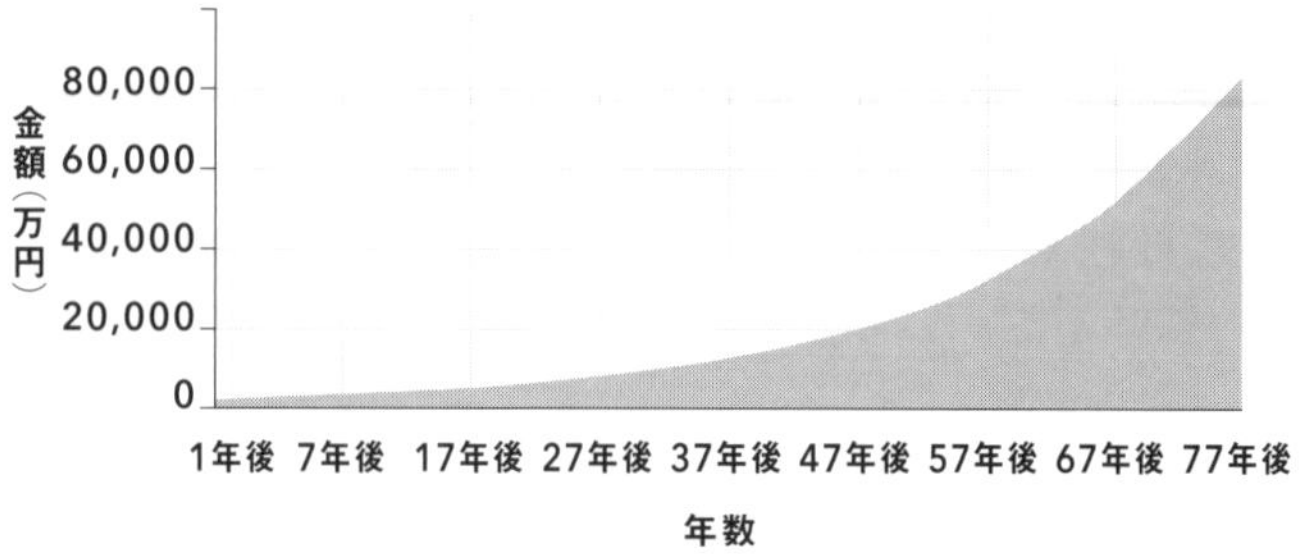

1445万円）

【100歳となる77年後】

・約8億3914万円（運用益8億2114万円）※課税口座ならここから約20％分の約1億6400万円も税金として取られる！

もはやここまでくると桁がおかしいレベルですが、決してあり得ないことはないんですよね。実際にはこんなに貯め込んでも仕方がないので、途中からは自分の人生を豊かにするために使ってほしいですが、このくらい、**「無期限で非課税運用できる」というのはすごすぎることなのです。**

確定拠出年金は老後の資金準備として活用しよう

もうひとつの非課税制度である確定拠出年金は、NISAのように現役時代に小さな自由を買うためではなく、**老後の資金準備として活用しましょう。**

確定拠出年金はよく同じ非課税のNISAと比較されますが、こちらは名前の通りあくまで「年金」ですからね。

この確定拠出年金には企業で入る企業型DCと、個人で入る個人型iDeCoの2種類があります。

近年は、従来主流だった確定給付型の退職金から、こちらの確定拠出型のDCに移行する企業も増えているとのこと。そのため、今勤めている会社でこのDCに入っているよという方も多いのではないでしょうか。

実際、企業型DCも個人型iDeCoも加入者は年々増えていますが、とくに企業型DCの割合が多く、両方合わせるとすでに1000万人を超えています。

NISAが現在約1300万口座とのことなので、実は同じくらい利用している人が多い制度なんですよね。

そしてこの確定拠出年金の利用者が多くなってきている背景には、

・企業が従来の確定給付型の退職金を維持できなくなりつつある

・政府が十分な公的年金を準備できなくなりつつある

という事情があるのです。

要は、国や企業が「もうこちらで老後のお金を用意するの厳しくなってきたから、自分でお願いしますね」って制度なのです。

まあ、今の少子高齢化の日本では仕方がない流れではありますよね。


……さて、ここでちょっとストップ。先ほど私は、NISAの3000万円も最終的には老後の資金にするとお伝えしました。

そのため、確定拠出年金までいる？　って方もいるかもしれませんが、NISAのほうの3000万円は、前述したように病気や怪我で働けなくなったとき、またはローン返済等で使う可能性がありますよね？

また、これはNISAでも確定拠出年金でも投資商品全般に言えることですが、シミュレーション通りに運用できるとは限りません。

そのため、**NISAとDCもしくはiDeCoの両方で老後の備えをしておくことが重要**なのです。

とくに少子高齢化の日本においては、自分の子どもや現役世代に迷惑をかけないためにも、ちょっと過剰なくらいに老後の資金は見積もっておいたほうがいいと私は考えています。

そのため、まとめると私のおすすめは、

- **小さな自由を買うための資本…NISAで準備**
- **老後の資金…NISAと確定拠出年金で準備**

という感じで、NISAも確定拠出年金もそれぞれ活用していきましょう！

確定拠出年金は、所得税&住民税の節税効果もすごい

先にも少し紹介したように、確定拠出年金にはＮＩＳＡにはない奥義**「掛金が所得から控除できる」**があります。

私も実際に計算してみたのですが、これによって私自身もＤＣ時代とｉＤｅＣｏ時代合わせて、**所得税および住民税が約60万円分も節税できていたのです。**が、この控除がいかにすごいかって、なかなかわかりにくいかと思います。

ということで、年収別・掛金ごとにどのくらい節税ができるのかについて、左ページにまとめてみました。

たとえば、年収４００万円の人が掛金月２万円を30年間続けたとすると、３万６０００円×30年の、**合計１０８万円も手取りが増える**ってことです。

しかも、ＤＣであれば掛金も手数料も会社が負担してくれますしね。

年収300〜400万円の場合の節税額

掛金	節税額
月1万円	所得税6,000円+住民税12,000円＝年間合計18,000円
月2万円	所得税12,000円+住民税24,000円＝年間合計36,000円
月3万円	所得税18,000円+住民税36,000円＝年間合計54,000円

年収500〜600万円の場合の節税額

掛金	節税額
月1万円	所得税12,000円+住民税12,000円＝年間合計24,000円
月2万円	所得税24,000円+住民税24,000円＝年間合計48,000円
月3万円	所得税36,000円+住民税36,000円＝年間合計72,000円

年収700〜1000万円の場合の節税額

掛金	節税額
月1万円	所得税24,000円+住民税12,000円＝年間合計36,000円
月2万円	所得税48,000円+住民税24,000円＝年間合計72,000円
月3万円	所得税72,000円+住民税36,000円＝年間合計108,000円

※iDeCo公式サイトのかんたん税制優遇シミュレーションを使って算出。
※給与所得の場合の数字になるため、事業所得の場合は結果が異なる。
※別途、生命保険や医療費等の控除がない前提での数字。扶養家族の有無によっても数字が変わるため、あくまで参考値。

そして私はというと、現在は自営業のため、自腹で月6万7000円とかなり高額の掛金をかけていますが、その節税効果はすさまじいです。

そのため、プライベートでは・iDeCo様~と呼んでいるくらいです。

退職金がない自営業者にとって、老後の資金準備としてこの確定拠出年金は会社員以上に重要です。さらに同じくらい、節税という点でも欠かせないものと言えるんですよね。

第4章

投資を始める前に、してておくべきこと

最初に目的を明確化しておこう

さて、何度も言うようですが、**小さな資本家になるのは小さな自由を買うため**です。そのため、ここであなたが手に入れたい小さな自由は何なのか？　を明確にしておきましょう。目指す場所が明確でないと、そこまでうまく歩けません。だからこそ、最初の段階でその場所を自分でしっかりと確認しておくことがとても重要なのです。

あなたが手に入れたい小さな自由は何ですか？

管理人ちーの場合

・好きな仕事を好きなだけしたい

これは冒頭でお伝えしたため詳しくは割愛しますが、実際に私はこの自由をゆるＦＩＲＥという形ですでに手に入れています。

管理人ちーの夫の場合

・欲しいものを躊躇なく手に入れたい

私の夫は私とは正反対で、稼いだ分いい車に乗る、いいものを身につける、いい酒を飲むタイプ。

そのため、**結婚前は資本がないばかりかローンを抱えている**ような状況でした。

しかし、結婚したことにより将来子どもにかかる費用、老後子どもたちに迷惑をかけないための貯蓄のことなども考えなくてはならなくなりました。

そのため、夫はそれらの費用を用意しつつ、自分の欲しいものも手に入れるために、小さな資本家になるべく株式投資を始めました。

夫の目標も3000万円なので、まさにこれから新NISAを使って形成していく予定です。そのため、今は資本をつくるために欲しいものを少し我慢している状況ですが、目標の3000万円に達したら、そこから溢れた運用益で存分に欲しいものを買ってほしいなと思っています。
※我が家はそれぞれの名義で別々に資産形成をしています。

編集者Kさんの場合

・行きたいところにいつでも行ける自分でいたい

私の前著の担当編集者・Kさんは、ライブや旅行が趣味とのことで、「行きたい」と思ったときにお金で諦めたくない、いろいろな経験をして楽しみたいとのことでした。

・「めんどくさい」と思ったときにお金で解決したい

Kさんがもうひとつ挙げてくれたのが、これ。家事でも旅行中の移動でも「めんどくさい」と思ったときにお金で解決するという選択肢が欲しいですよね。

今日は頑張りたくないからウーバーイーツでいいか、という選択をできる状態でいられれば精神的にも楽、というのは全人類が共感するところではないでしょうか。

目指す順番は100万円→1000万円→3000万円

また、目的とともに、目指す金額の順番もここで確認しておきましょう。

3000万円というと、とてつもなく大きな金額に感じるかもしれませんが、それは時間をかけて到達するかなり遠くのゴール地点の数字だからです。

そのため、そこまでの中間地点にいくつか目標をおくことをおすすめします。

もし今、貯蓄がまったくない状態なのであれば、**まずは100万円を目指しましょう。**

そして、もうすでに100万円はあるという方は1000万円、それもあるという方は3000万円が、これから目指すべき金額になりますね。

今まで貯蓄の習慣がなかった方にとって、この100万円が最初の難関になると思います。しかし、ここはまだ収入を増やすとか投資で増やすという段階ではありません。

では何をすべきかというと、**「収入＞支出」となるように、今のお金の使い方を見直す**ことです。


第一にやるべきは、家賃や通信費などの固定費の見直し。

これによって月に3万円程度は一気に削ることができるでしょう。

そしてさらに家計簿をつけることによって小さな無駄遣いの洗い出しをすれば、現在より2万円程度は支出を圧縮できると思いますので、固定費の見直しだけでも年間36万円、無駄の洗い出しも含めれば年間60万円も支出を削ることができます。


このように、**今より月3万円支出を削ることができれば約3年で100万円に到達できます**し、月5万円であれば約1年半という短さで100万円を達成できちゃいますよ！

ただ、あまりいきなりやりすぎると、後でリバウンド現象が起きかねないので、徐々に5万円分を貯蓄に回せるように、少しずつ調整していくことをおすすめします。

そして無事100万円が貯まり、月に5万円を貯蓄に回せるようになったら、次は1000万円の大台に挑戦です。

ここからは投資も本格的に始めていくことになりますが、併せて収入アップも試してみましょう。

もし月に5万円貯蓄に回すと生活がかなり苦しくなるという状態であれば、そもそもの収入が低すぎる可能性が高いです。

その場合は**株式投資よりも先に自己投資をして、自分の労働力の価値を上げることを優先して行うべきです。**

これによって本業の収入を5万円アップさせるか、もしくは副業を始めて月5万円の収入を得られるようになれれば、生活費を無理に削る必要がなくなりますよね。

そして1000万円から3000万円までは、**ぶっちゃけ別にやることはありま**

せん。

1000万円までで無駄な支出を抑えることが身につき、ある程度労働力の価値も上がっているはずです。そのため、あとは年収の増加に合わせて積立額を上げつつ、ひたすら投資を継続するだけ！

でもそれで本当に3000万円なんて到達できるの？ という方のために、第5章で理想のコースを載せていますので、そちらで確認してみてくださいね。

現在の資産状況を把握しよう

目的と現在目指すべき金額がしっかり定まったら、次は現在の資産状況の確認です。

銀行預金だけでなく、貯蓄型の保険、公的年金、退職金、確定拠出年金、タンス預金、そして奨学金やローンなどの負債まで、とにかく資産と呼べるものを、下の項目を参考に、ここで一旦全部洗い出してみましょう。

実際、銀行預金は把握していて

現在の資産

確定	●銀行預金 ●有価証券 ●貯蓄型保険(終身保険、養老保険、学資保険など) ●現金、地金など資産性の高いもの
不確定	●確定拠出年金 ●退職金 ●公的年金

現在の負債

確定	●奨学金 ●自動車ローン

※住宅ローンは不動産の時価を計算するのが大変なので除外

も、保険や退職金までは把握していない方も多いのではないでしょうか？
しかし、現状把握は何をするにしてもまず最初にしなくてはいけないことです。
というのも、これをしないと今後やるべき方法が決められないからです。

これは私の夫の話になりますが、夫は結婚前、自動車ローンに毎月4万円ほど支払っていました。そして同時に、貯蓄型保険に月2万円ほど掛金を払っていたのです。
私からすると、金利が4％ほど乗ったローンを1円でも早く返したほうがいいのに……と思ってしまったんですが、夫はそのことに何の疑問も持っていなかったんですよね。

このように、**気がつかないうちに非効率なお金の流れができてしまっている**こともあります。

この洗い出しにより、有利子の負債があることがわかったら、この段階で過剰な貯蓄保険は解約するなどして、優先して有利子の負債を返済してしまいましょう（有利子の場合のみですので、無利子の奨学金や超低金利の住宅ローンは後回しでOK！）。

「投資に回せるお金なんてないよ」という方もいらっしゃるかもしれませんが、金融広報中央委員会「家計の金融行動に関する世論調査（令和3年）」によると、日本の一世帯当たりの金融資産は、450万円が中央値。実はみなさん、ちょっとは資産があるんですよね。

そのため、まずは全体の資産状況を把握して、整理整頓をしておきましょう。

次に、その中から**いくら投資に回せる余剰資金があるか**を確認してみましょう。まず、先ほどの確定資産を合計します。次にそこから、

・生活防衛資金として1年分の生活費
・車の買い替え費用など、その他直近10年以内に必要とわかっている費用
・必要と判断した保険

を合計して、確定資産の合計から引いてください。

それが、「**現在あるまとまった余剰資金**」となります。

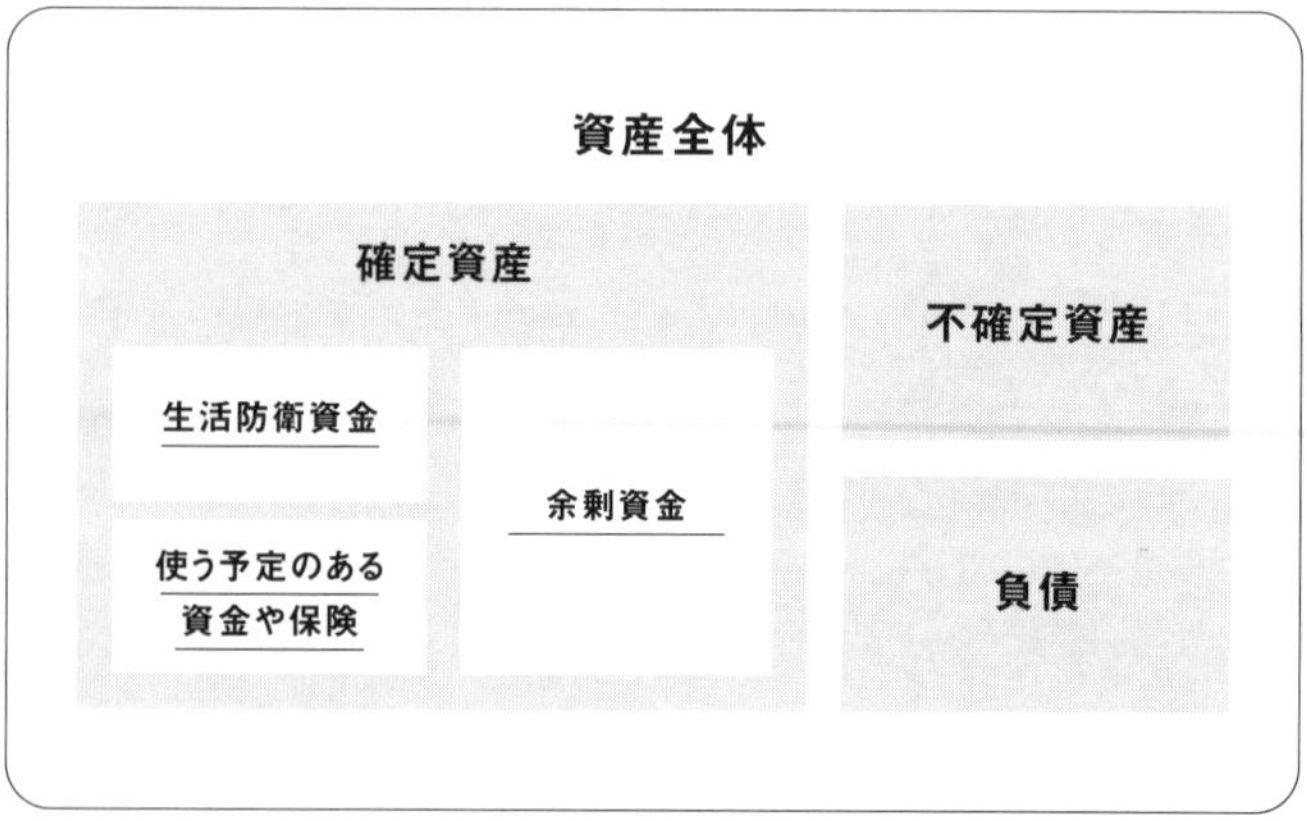

この「現在あるまとまった余剰資金」から、NISAに先に回すべきは現金や預金です。有価証券に関しては、課税口座である特定口座や一般口座で持っているものがあれば、そちらよりも非課税のNISAで運用したほうが有利になるので、**売却してNISAのほうに充てましょう。**

保険に関しては内容にもよりますが、第3章でも解説した通り、まとまった資産がないうちは必要な場合もあるため、この段階で無理に解約する必要はありません。

ただし、もし不要だなと思えるものが見つかれば、これを機に解約をして、資産全体をすっきりさせちゃいましょう！

未来の収支状況を想定しよう

今の資産状況が把握できたら、次は、未来の収支状況についてざっくり考えてみましょう。

これは、これから資産形成を始めるにあたって**「いくら」を「いつまで」投資に回せるかを確認するためと、将来の年金がいくらくらいになるのかを想定するため**です。

たとえば会社員であれば、「今の給料はこれくらいだけど、あと5年後、10年後にはこれくらいになっているだろう」という感じですね。

もし途中で自営業やパートに切り替わる可能性があるのであれば、それをざっくり見越した数字を想定してみてください。

そして60歳で退職するのかもっと早いのか遅いのか、自分がいつまで収入を得る予定なのかも考えてみましょう。

もちろん未来のことなので正確にはわからなくても問題ありません。あくまでふんわりとでいいので、**今後自分がどのような状況で、どのくらい稼ぐ予定なのか**確認できればＯＫです。


次に、支出のほうも同じように、何となくでいいので想定してみてください。

独身であれば今後もそんなに大きくは変わらないなとか、子どもにこれからこのぐらいお金がかかりそうだな……とか、そんな感じです。


これによって、年間の「収入－支出＝余剰資金」が大体想定できると思います。

そうしたら、

- 現在の余剰資金
- 5年後の想定余剰資金
- 10年後の想定余剰資金
- 15年後の想定余剰資金

・20年後の想定余剰資金

という感じで、20年後までの余剰資金を出してみてください。これが「**今後発生するであろう余剰資金**」となります。

もしこの余剰資金がすべての年において100万円以上あれば、めちゃくちゃ優秀です！　しかし、もし余剰資金が全然なかったりマイナスの時期が出たりするようであれば、資産形成の前に家計の見直しを早急に行う必要が出てきます。

本書では家計の見直しについては大きく触れませんが、前述した固定費の見直しと無駄の洗い出しをまずはしてみましょう。

そしてもっとその部分を詳しく知りたい場合は、私は副業やポイ活によって収入を増やし、ミニマルライフによって支出を減らしたので、私のブログやYouTubeを見てぜひ真似してみてくださいね！

収入がない学生や専業主婦（夫）の場合

中には現在は学生で、収入はバイト代くらいしかないけど資産形成を始めたいという方や、専業主婦（夫）などで自身の収入はないけど始めたいという方もいらっしゃるかと思います。

まず学生さんの場合ですが、**バイト代などは基本的に自己投資や学生生活を楽しむことに使ってほしい**ので、その多くを株式投資に回すのはおすすめできません。

先に「投資は早く始めれば始めただけ有利」ということは言いましたが、これは株式投資だけでなく、**自己投資にも同じことが言えるからです。**

普通の人は最初から資本を持っているわけではないので、**まずは労働によってお金を得なくてはいけません。**そして、

・労働力＝自己投資によって育てる
・資本＝株式投資によって育てる

となるので、**労働で効率よくお金を稼ぐために、まずは自己投資を先にするのが正解**なのです。

重要！
投資の順番は「自己投資→株式投資」と覚えておきましょう！

実際に私は前著『ゆるＦＩＲＥ』や他の媒体でも、本格的な株式投資は30歳以降から始めることをおすすめしています。
ただし、練習として株式投資に触れておくことはとても重要なので、証券口座を開設し、バイト代から月１０００〜３０００円くらいの金額を積み立ててみてはいかがでしょうか。

すると、投資したお金がどのように動くのか体験できますし、経済や政治にも関心が持てるようになると思いますので、このような少額投資はすごくおすすめです。

次に自身に収入がない場合、自分名義の貯蓄があればそちらを使ってできますが、**もし自分名義のお金でない場合は、たとえ配偶者のものでも勝手に投資することはできません**。

そのため、もし配偶者のお金を投資に回したいと思っているのであれば、本人を説得して本人にやってもらうようにしましょう（我が家の場合もそうしています）。

もしくは正式に贈与してもらい、自分名義のお金にしてからであればＯＫです。ただし、年間１１０万円を超える場合は贈与税が発生する可能性があるため、その範囲内でやるか、贈与税を払って大きい金額を贈与してもらいましょう。

どちらにせよ、詳しくは税理士など専門家に相談することをおすすめします。

証券口座とクレジットカードを準備しよう

自分名義のお金さえ用意できれば、あとは同じく自分名義で証券口座を開いて、そこに入金すれば株式を購入することができます。

では、証券口座はどこで開設すればいいのか？　といえば、前述の通り、ネット証券がおすすめです。

とは言ってもネット証券も今やたくさん存在しますよね？

そのためどこを選んだらいいのか迷ってしまうかもしれませんが、これから開設を考えている方にはぜひ、「**クレジットカード決済で投資信託の積立ができる**」（**以下、「クレカ積立」と表現**）証券会社を選んでいただきたいと思います。

というのも、新NISAで積み立てをしつつ、ポイントがもらえちゃうからです。

通常は、投資信託を買う場合、証券口座に入金したお金が使われます。

しかし、クレジットカード決済の場合は、クレジットカードで決済された後、他の買い物分と合わせて指定している銀行口座から引き落としされます。

そしてそのときに利用額に応じてポイントが付与されるのですが、このポイントがなかなかバカにできないんですよね。

各証券会社指定のクレジットカードがないとできないため、少しハードルは高くなりますが、**資産形成をしながらポイントが勝手にザクザクと貯まっていく**ため、これを機にぜひ利用してほしいなと思います。

現在クレカ積立ができる証券会社は増えてきていますが、今回はポイント還元率が0・5%以上のものに絞って次のページにまとめてみました。

これはつまり、**月5万円積み立てをするだけで月に250~2500ポイントももらえちゃう**ってことです。これは利用しない手はないですよね。

ただし、それぞれ組み合わせや条件によってポイント数も変動するため、なかなか

証券会社×クレジットカードのポイント還元率

証券会社×クレジットカード	ポイント還元率
SBI証券×対象カード	0.5〜5.0%
楽天証券×楽天カード	0.5〜1.0%
マネックス証券×マネックスカード	1.1%
auカブコム証券×au PAYカード	1.0%
tsumiki証券×エポスカード	0.1〜0.5%

複雑になっているんです。

そのため、この中でもどれを選んだらいいのか迷ってしまうかもしれませんが、証券会社の取扱商品の多さや手数料の安さ、ポイントのたまりやすさや使いやすさ、サイトやアプリの使いやすさなどを総合的に考えると、**現時点で強いのはSBI証券と楽天証券です。**ただし、マネックス証券もポイントの還元率を考えると捨て難い……。

そのため、基本的にはこの3つのどれかを選んでおけば間違いありませんが、これから新規開設する方のために、どれを選ぶべきかについてさらに詳しく解説したいと思います。

あなたに最適なのは、3つの証券会社のうちどれ？

まず結論から言うと、年間100万円以上クレジットカードで買い物をする方は、**「SBI証券×三井住友カードゴールド（NL）」の組み合わせが現在は最強**です。

それ以外の方の場合は、

- **楽天経済圏で楽天ポイントをがっつり貯めている方…楽天証券×楽天ノーマルカード**
- **シンプルに株式の積立と保有でのみポイントが欲しい方…マネックス証券×マネックスカード**

となります。

というのも、現在それぞれの証券会社とカードの特徴は、左ページのようになっているからです。決済時のポイントは見ての通り、マネックスカードの1・1%が一番高くなっています。

一方で、投資信託を保有していることでもらえる保有ポイントは商品ごとに細かく

SBI証券、楽天証券、マネックス証券の比較

SBI証券

対象のクレジットカードで月最大５万円買付可能

決済時のポイント	•三井住友カード(NL)で**0.5%(最大250P)** •三井住友カードゴールド(NL)で**1%(最大500P)**
投資信託の保有ポイント	•残高が1000万円未満の場合商品により年率**0.0175〜0.15%** •残高が1000万円以上の場合商品により年率**0.0175〜0.25%**

楽天証券

楽天カード、楽天キャッシュで各月最大5万円の合計10万円買付可能

決済時のポイント	•楽天カードで**0.5%(最大250P)** •楽天カードから楽天キャッシュチャージで**0.5%(最大250P)**
投資信託の保有ポイント	•月末時点の残高が初めて10万円に到達した場合**10P** •月末時点の残高が初めて30万円に到達した場合**30P** •月末時点の残高が初めて50万円に到達した場合**50P** •月末時点の残高が初めて100万円に到達した場合**100P** •月末時点の残高が初めて200万円に到達した場合**100P** •月末時点の残高が初めて300万円に到達した場合**100P** •月末時点の残高が初めて400万円に到達した場合**100P** •月末時点の残高が初めて500万円に到達した場合**100P** •月末時点の残高が初めて1000万円に到達した場合**500P** •月末時点の残高が初めて1500万円に到達した場合**500P** •月末時点の残高がはじめて2000万円に到達した場合**500P** •楽天･オールカントリー株式インデックス･ファンド　年率**0.0175%** •楽天･S&P500インデックス･ファンド　年率**0.0341%**

マネックス証券

マネックスカードで月最大5万円買付可能

決済時のポイント	•**1.1%(最大550P)**
投資信託の保有ポイント	•商品により**0〜0.08%**

※2023年10月現在、クレカ積立の上限は５万円までとなっていますが、今後10万円に引き上げられる予定のため、各社のポイント数は上記とは変わる可能性があります。

※ポイントはすべて1ポイント＝1円相当です。

利率が設定されているため、非常にわかりにくくなっているんですよね。

しかし、第5章で紹介するおすすめの商品の場合、保有ポイントは3社とも同じなため（140ページ）、到達時にも1回きりではありますがプラスでポイントがもらえる楽天証券が強いと言えます。そして、今度はカードごとの特徴で見てみると、

【三井住友カードゴールド（NL）】
【年会費】 5500円（税込）
【還元率】 0・5％（一部対象店舗で最大7％）
ただし年間100万円以上の利用（クレカ決済分除く）で、
・翌年以降の年会費永年無料
・毎年1万ポイント還元

【マネックスカード】
【年会費】 初年度無料（次年度以降の年会費550円〈税込〉は年1回以上のクレジットカー

ドの利用で無料）

【還元率】 1％

【楽天ノーマルカード】
【年会費】 永年無料
【還元率】 1％

となっており、三井住友カードゴールド（NL）で年間100万円買い物した場合、「通常使用時の還元率　1・5％」ということで、最強になるのです。

しかし、逆にこれが達成できないと一番損になってしまう可能性もあるため、実際に自分がどのくらいクレジットカードで買い物をするのか、事前によく確認しておいてくださいね。

そして、楽天カードとマネックスカードでは、楽天カードは、楽天経済圏をうまく活用すると総合的にはかなり効率的にポイントが貯められるため、楽天経済圏にいるか否かでどちらにするかを判断すればＯＫです。

ということで、まずは新ＮＩＳＡに向けて、

- **証券口座の開設**
- **対象のクレジットカードの作成**

は事前に済ませておきましょう。

ちなみに私はというと、「ＳＢＩ証券×三井住友カードゴールド（ＮＬ）」「楽天証券×楽天ノーマルカード」の両方で、それぞれ月５万円ずつクレカ決済の積立をしてますよ！　このように、両方活用するのももちろんアリ！

第5章

新NISAを使った3000万円のつくり方

2024年からの新NISAの基本

前準備も整ったところで、ここから新NISAを使って3000万円をつくるための投資方法の解説に入っていきたいと思います。

まずは新NISAの概要から。左ページのように、つみたて枠と成長枠の2つが用意されており、成長枠のほうが上限1200万円の、合計1800万円までが非課税となります。そのため、成長枠のみで1800万円を埋めることはできませんが、つみたて枠のみで1800万円を埋めることは可能です。

ということは、可能な組み合わせとして、

- **成長枠を最大限活用したい場合…つみたて枠600万円＋成長枠1200万円**
- **半々で活用したい場合…つみたて枠900万円＋成長枠900万円**
- **つみたて枠を最大限活用したい場合…つみたて枠1800万円＋成長枠0万円**

2024年からの新NISA制度の概要

	つみたて投資枠	成長投資枠
年間投資枠	120万円	240万円
非課税保有期間　※1	無期限化	無期限化
非課税保有限度額（総枠）※2	1,800万円 ※簿価残高方式で管理（枠の再利用が可能）	1,200万円（内数）
口座開設期間	恒久化	恒久化
投資対象商品	長期の積立・分散投資に適した一定の投資信託 （旧つみたてNISA対象商品と同様）	上場株式・投資信託等　※3 （①整理・整理銘柄②信託期間20年未満、高レバレッジ型および毎月分配型の投資信託等を除外）
対象年齢	18歳以上	18歳以上
現行制度との関係	2023年末までの一般NISAおよびつみたてNISA制度において投資した商品は、新しい制度の外枠で、旧制度における非課税措置を適用 ※旧制度から新しい制度へのロールオーバーは不可	

※1　非課税保有期間の無期限化に伴い、旧つみたてNISAと同様、定期的に利用者の住所等を確認し、制度の適正な運用を担保
※2　利用者それぞれの非課税保有限度額については、金融機関から一定のクラウドを利用して提供された情報を国税庁において管理
※3　金融機関による「成長投資枠」を使った回転売買への勧誘行為に対し、金融庁が監督指針を改正し、法令に基づき監督およびモニタリングを実施
※4　2023年末までにジュニアNISAにおいて投資した商品は、5年間の非課税期間が終了しても、所定の手続きを経ることで、18歳になるまでは非課税措置が受けられることとなっているが、今回、その手続きを省略することとし、利用者の利便性向上を手当て

という感じになりますね。

そして、年間で可能な投資額も、つみたて枠で120万円、成長枠で240万円と決まっているため、最短で埋めようとすると、

【つみたて枠600万円＋成長枠1200万円】
【つみたて枠】 600÷120＝5年
【成長枠】 1200÷240＝5年

【つみたて枠900万円＋成長枠900万円】
【つみたて枠】 900÷120＝7・5年
【成長枠】 900÷240＝3・75年

【つみたて枠1800万円＋成長枠0万円】
【つみたて枠】 1800÷120＝15年

【成長枠】 0÷240＝0年

となり、つみたて枠の金額が大きくなればなるほど時間がかかる計算となります。そのため、もしこのNISAの枠を最短で埋めたい場合は、「つみたて枠600万円＋成長枠1200万円」を選ぶことになります。

そして、どれだけ時間をかけてもよければ、投資信託は月100円から購入できるため、一生をかけて埋めていくこともできます。

また、それぞれ購入できる商品は、つみたて枠がNISAの対象となっている一定の投資信託のみなのに対して、成長枠であればつみたて枠で選べる商品はもちろん、それ以外の投資信託や個別株、ETFも買うことが可能です。

そのため、1200万円という上限はあるものの、成長枠のほうが自由度は高いと言えますね。

つみたて枠と成長枠、どう使い分ける？

このように、新NISAには「つみたて枠」と「成長枠」の2つが用意されているわけですが、資金はどのように割り振っていけばいいのか、迷う方も多いですよね。

結論から言うと、**余剰資金のうち、現在あるもの→成長枠、今後発生するもの→つみたて枠**、で割り振りましょう。第4章にて「現在あるまとまった余剰資金」と「今後発生するであろう余剰資金」の2つがいくらなのか把握しましたよね。それらを、

- **現在あるまとまった余剰資金…成長枠**
- **今後発生するであろう余剰資金…つみたて枠**

というふうに充てていきます。

今後発生するであろう余剰資金は、つみたて枠に

まず「今後発生するであろう余剰資金」ですが、こちらは毎月の収入から余った分なので、その性質上、つみたて枠に向いていますよね。この余剰資金から、実際にいくらを積立に回すかというと、「現金クッションを20％以上確保した上で、残った分」です。

現金クッションについては第2章でも軽く説明しましたが、もし年間の余剰資金が45万円だった場合、まずその20％の9万円を現金クッションとして引き、残りの36万円を積立に充てます。そのため、月の積立額は3万円となります。

年間の余剰資金別　月々の積立額

余剰資金		積立額
45万円	×0.8÷12＝	月3万円
75万円	×0.8÷12＝	月5万円
120万円	×0.8÷12＝	月8万円
150万円	×0.8÷12＝	月10万円
180万円	×0.8÷12＝	月12万円
240万円	×0.8÷12＝	月16万円

※現金クッションが20％の場合

ただし、このやり方をずっと続けていくと、ＮＩＳＡの時価と現金クッション分の比率は乖離していきます。なぜかというと、現金と違って株式は毎年平均5％成長するからですね。

通常、投資の増減に合わせて現金クッションの金額も調整して常に割合を一定にしておくのが理想ですが、**今回のＮＩＳＡに関しては上限までは早く埋めてしまったほうが有利なので、そのまま積み立て続けてＯＫです。**

なお、この現金クッションは暴落時にのみ使います。詳しくは第8章にて解説しますね。

また、この現金クッション分は生活防衛資金や使う予定のある資金とは完全に分けて管理するようにしましょう。

おすすめは、証券口座か提携の銀行口座（ＳＢＩ証券の場合は住信ＳＢＩ銀行、楽天証券の場合は楽天銀行）を作って、そちらに入金する方法です。

現在あるまとまった余剰資金は、成長枠に

次に「現在あるまとまった余剰資金」ですが、第2章でも解説したように、1秒でも早く投資に回したほうが有利になる可能性が高いので、一括投資ができる「成長枠」が向いています。

そして、こちらも同じく余剰資金からマックスで使うのは80％まで。そのため、資産全体のイメージでいうと下図のような感じになります。

成長枠は年間最大240万円まで一括投資ができるので、最大240万円×5年の1200万円まで投資することが可能です。

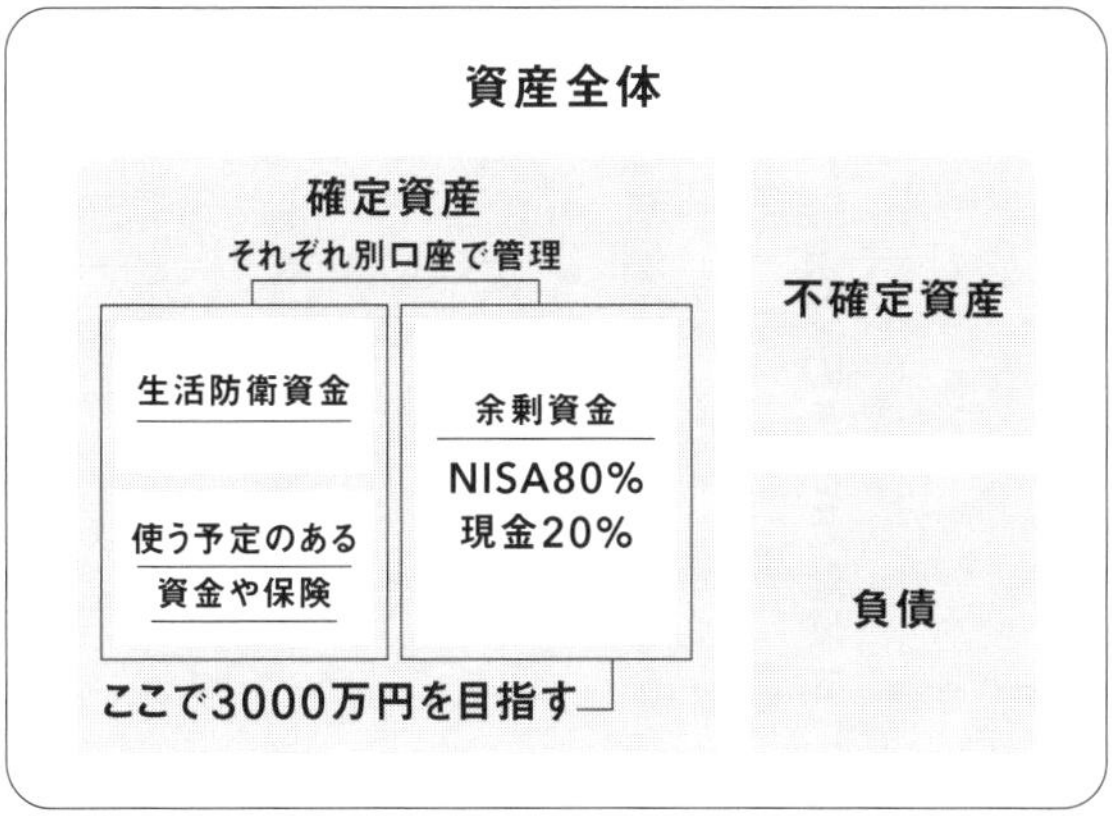

そのため、もしこの余剰資金がこの範囲内であれば、この枠を最大限使って一括投資してしまいましょう。

もし余剰資金が１２００万円以上ありつみたて枠が余っていれば、出た分はそちらに充てるか、特定口座や確定拠出年金、保険等を利用して運用するとよいでしょう。

ただし中には、まとまったお金を80%もいきなり投資に回すなんて、こわくてできないよ！　という方も一定数いると思います。その場合は比率を50%まで下げるか、無理に一括の成長枠は使わずに、つみたて枠のみでコツコツ運用していくのもひとつの手。

投資は一生続けるライフワークですから、**自分の心に負担がないことを最優先に考えましょう！**

新NISAの成長枠が「最大240万円」なのは絶妙な件

今まで何度も「積立よりも一括のほうが有利」と言ってきましたが、正確には**「500万円以上のまとまった資金の場合は、3年程度に分割した一括投資がおすすめ」**です。

これは、**もし大きな暴落が来た場合に、ダメージが大きくなりすぎるのを回避するため**です。

過去にも株式市場は下落と上昇を繰り返しながら成長してきましたが、その流れは「コツコツドカン」という感じで、**時間をか**

株価は実際には下のグラフのように動く

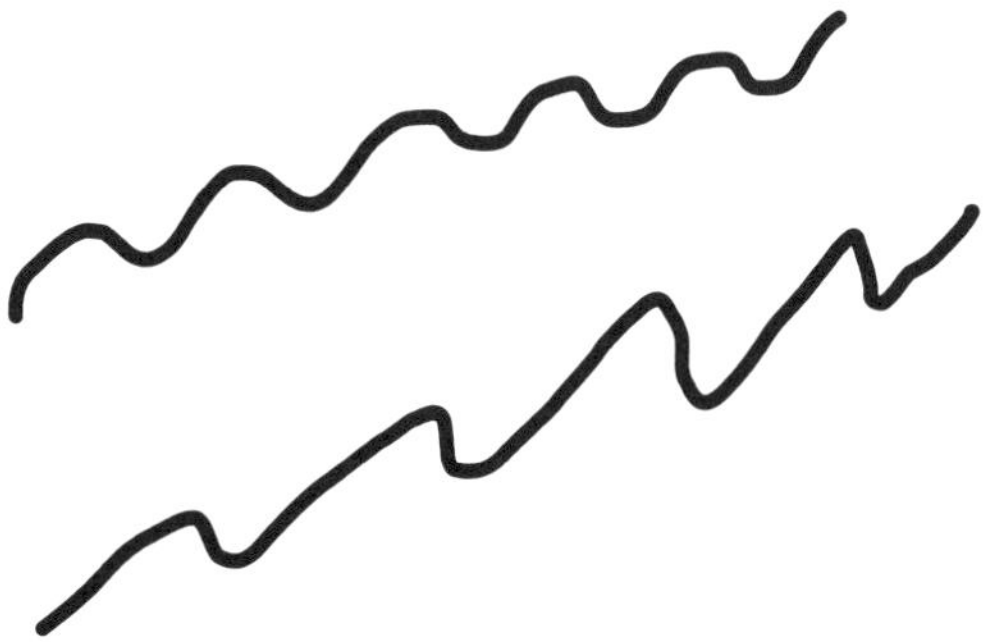

けて徐々に上昇した後に一気に下落する傾向があるから。

前ページのイメージグラフでは、ドカン後も長期では上昇しているのでいいですが、たとえば日本株をバブル絶頂期の1989年の末の最高値付近で一括購入していたら、取得単価は3万9000円ですので今でも含み損を抱えていることになります。しかし、1989年末、1990年末、1991年末と3回に分けていれば、その取得単価は3万円弱にまで抑えることができますので、含み損は解消されていることになりますよね。

そのため、金額が小さい場合はそこまで気にする必要はありませんが、500万円以上という大きな金額の場合はこの方法を推奨したいと思います。

新NISAの話に戻ると、今回まとまった余剰資金に充てる新NISAの成長枠は、年間の限度額が240万円ですよね？　このように、親切なことにまとまった資金があっても、**最短でも5年に分割しなくてはいけない仕様になっている**のです。

私はこの新NISAの成長枠の詳細が上がってきたときには、「やはり専門家が、国民が大きく損しないようにちゃんと考えてるんだなぁ」と思いました。

日経平均株価の長期推移（月末終値）

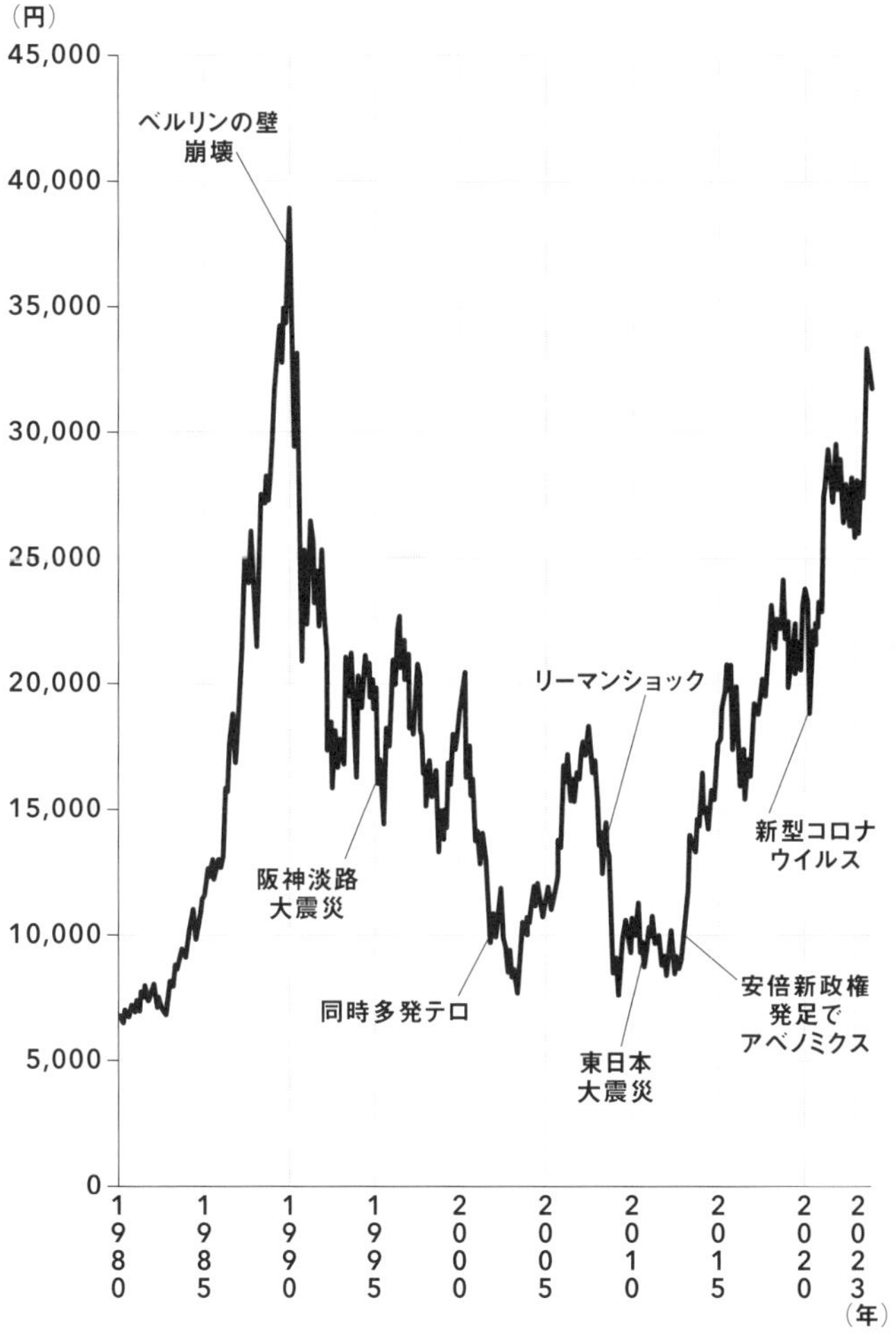

「つみたて枠」で買うべき商品は？

では次に、それぞれの枠で具体的にどんな商品を買うべきか？　ですが、まずつみたて枠では対象の投資信託の中から選ぶことになります。２０２３年10月時点のその数は、２５６本。どれを選べばいいのか迷ってしまいますね。

ただ、私が選ぶべきだと思っているのは第2章で書いた通り、「**多くの国や業種に分散投資できるインデックス型の円建て投資信託**」です。

そのため、まずはこの条件で絞ると、かなり数を減らすことができます。

具体的な投資信託を探す手順を、ＳＢＩ証券のＰＣサイトの例でご紹介します。

まずＳＢＩ証券の投資信託のページから「投信パワーサーチ」を開きます。そして左側の「ファンドを絞り込む」という欄に、

・ファンド分類…国際株式　・投資地域…グローバル
・取扱取引…つみたてＮＩＳＡ

という条件を加えて検索をかけると、42本にまで絞ることができます（2023年10月時点）。すると、ほぼ出てくるのは「全世界株式」です。

ここまで絞れたら、次は手数料の安さ順に並べてみましょう。インデックス型はそもそもアクティブ型に比べて手数料は低いんですが、その中でも各運用会社によって差があるからです。

手数料には主に、買付手数料・信託報酬・信託財産保留額の3つがありますが、実際にこの3つの合計が一番安い商品は同率（0・05775％）で、

・日興　Tracers　MSCIオール・カントリー・インデックス（全世界株式）
・野村　はじめてのNISA・全世界株式インデックス（オール・カントリー）
・三菱UFJ　eMAXIS Slim全世界株式（3地域均等型）
・三菱UFJ　eMAXIS Slim全世界株式（オール・カントリー）
・三菱UFJ　eMAXIS Slim全世界株式（除く日本）

そしてeMAXIS Slimシリーズの中でも「3地域均等型」と「除く日本」

は「オール・カントリー」と比べると分散力が低くなるので除外すると、3社の「オール・カントリー」が残ります。で、この3つは同じMSCI社の「オール・カントリー・ワールド・インデックス（税引き後配当込み、円換算ベース）」をベンチマークとしているため、**どれを選んでも実質同じなのです。**

そのため、この中のどれを選んでも構いませんが、このeMAXIS Slimシリーズは手数料の低い投資信託として一番歴史が長く、常に最安値を更新してきてくれたため、私だったら歴史が長い分純資産も大きい**「三菱UFJ　eMAXIS Slim全世界株式（オール・カントリー）」**を選びますね！

ただし、ここで証券会社ごとの投資信託の保有ポイントの観点からも見ると、「三菱UFJ　eMAXIS Slim全世界株式（オール・カントリー）」の場合、**SBI証券とマネックス証券が年率0・0175%なのに対し、楽天証券は0%**です。

しかし、楽天証券は2023年10月に新しく「楽天・オールカントリー株式インデックス・ファンド」を発表し、こちらもMSCI社の指標をベンチマークとしつつ、信託報酬料も投資信託の保有ポイントもｅＭＡＸＩＳ Ｓｌｉｍと同額。

ということは、投資信託の保有ポイントも加味すると最適解は、

【ＳＢＩ証券】三菱ＵＦＪ　ｅＭＡＸＩＳ Ｓｌｉｍ全世界株式（オール・カントリー）

【楽天証券】楽天・オールカントリー株式インデックス・ファンド

【マネックス証券】三菱ＵＦＪ　ｅＭＡＸＩＳ Ｓｌｉｍ全世界株式（オール・カントリー）

となるのです。

このように、最終的に投資先が同じ商品がいくつかあった場合は、「**手数料の安さ**」**と**「**もらえるポイントの多さ**」の2点に鑑みて選べば、間違いありません。

手数料もポイントも年単位では誤差レベルですが、ＮＩＳＡのように20年、30年と長期で運用する場合は、チリツモで無視できない金額になっていきますしね。

ちなみに、本書の執筆時には前述の商品になっていますが、半年後、1年後には変わっている可能性も高いです。そのため、できる限り買う際に検索をかけて、そのときの最適解を確認してくださいね。

「成長枠」で買うべき商品は？

次に、成長枠で買うべき商品もご紹介します。

こちらは自由度が高い分、より迷ってしまう方が多いのではないでしょうか？

選択肢としては、第2章で解説した個別株・投資信託・ETFのどれでも選ぶことができます。

中には配当金が欲しいという方も一定数いると思いますが、その場合は配当金が出る個別株やETFを入れる必要があります。

しかし、3000万円までは資産を育てる「資産形成期」のため、この段階でこれらを入れることはおすすめできません。

というのも、第3章で解説した通り、NISAは簿価ベースで計算されるため、途中で配当や分配が出る個別株・ETFよりも、**利益を確定せずに含み益を積み上**

げていける無配の投資信託のほうが、より簿価を上げることなく効率的に非課税枠を運用できることになるから。

超重要！　NISAは極力利益を確定してはいけない

NISAでは、配当金や分配金を出さないのはもちろん、売却も基本的にしないのがベター！

そのため、資産が3000万円を超えて、効率的に増やすよりも効率的に取り崩しがしたい段階になってから、一部を個別株に移行するのはアリです（ただし注意点もありますので、ここは第8章にて詳しく解説しますね）。

ということで、結論は、**3000万円までの資産形成期は成長枠のほうも「無配のインデックス型投資信託のみに絞る」が正解。**

おすすめはつみたて枠と同じく、**「三菱UFJ　eMAXIS Slim全世界株**

式（オール・カントリー）」または「楽天・オールカントリー株式インデックス・ファンド」になります。

しかし、いくら全世界株式が最適解とは言っても、全部を同じもので埋めるのはつまらないなぁとか、どうせなら勉強のために違う商品も入れてみたい！　という方もいらっしゃいますよね。

その場合は、「無配のインデックス型投資信託」でも特色の違う3種類で「布陣」を固めるのもおすすめです。その3つは何かというと、ズバリ「**S&P500**」「**TOPIX**」「**FTSEの新興国株式**」！

30年以上という超長期運用の場合、第2章で説明したように、数十年後にどこの国が栄えているのかわからない以上、「全世界株式」が最適解であることには変わりありません。しかし、10年前後のスパンであれば、現在最強の米国、底堅い日本、そして今後大きく発展期待がある新興国の3つを持っておいて、市場動向に合わせてその3つのウエイトを調整するのもアリです。

3つの布陣を、どう組み合わせる？

株式というのは、実際の経済状況だけでなく期待や流行りで上がるなんてこともあり、実際に過去を振り返ると、先進国が強かった時期もあれば新興国株ブームで新興国が強かった時期もあります。

このように、データだけでは読めない要素も含まれるからこそ、**株の予想はプロでも当たらない**んですよね。

米国株と日本株をどう見る？

現在、S&P500はもうバブルだ！　という声もよく聞きます。

しかし、この声は数年前からずっとあり、それでも上がってきているのが現実です。

もっと言うと、私が米国株を始めた2014年でも、「もう米国株は天井だ」と一部では言われていました。

そのため、現在、数値的に割高であることは間違いありませんが、だからと言って天井かどうかはわかりません。

ただし、天井だったときのことを考えて、「ＴＯＰＩＸ」と「新興国」を入れてリスクヘッジをしておくという感じです。

よく、「米国が下がれば日本も下がるから別で持っていても意味がない」なんて言いますが、株式で持っている限り、どの国でも同じような動きをするのは正しいです。

しかし、そのリスクの大きさ（上下の幅）は違うので、債券や金などと比較するとリスクヘッジの効果は低いものの、決して無意味ではありません。

実際にＰＥＲとＰＢＲベースで見てみると、本書執筆時点の調べでは、

【米国株】ＰＥＲ23・2倍、ＰＢＲ４・４倍

【日本株】ＰＥＲ14・6倍、ＰＢＲ１・４倍

（全世界の平均…ＰＥＲ17・8倍、ＰＢＲ２・7倍）

となっています。

PERとPBRって?

PERは「株価収益率」、PBRは「株価純資産倍率」をそれぞれ示す指標。どちらも割安か否かを判断するのに用いられる指標で、この数値が高ければ割高、低ければ割安となる。

PERはその企業がどのくらい稼げるのかという「事業価値」を、PBRはその企業が持っている「資産価値」をそれぞれ測ることができるため、両方を見て割安かどうかを判断する必要がある。

両者を比べると、PERもPBRも日本のほうがかなり低いため、稼ぐ力もその企業が持つ資産の価値も高いのに、株価は割安の状態であることがわかるかと思います。とくにPBRは、米国株のなんと3分の1以下!

私は日本の未来を悲観的に見ている部分もあるのですが、それと株価は必ずしも一致しません。

というのも、グローバル企業は世界を相手に商売をしているため、日本の景気のみに左右されるわけではないですし、元々持っている海外での利権や資産も大きいから。


そのため、私は「日本株」に関してはそこまで悲観的には見ておらず、だからこそ今でも資産の半分を日本株で持ち続けているんですよね。

ただ、それであれば同じような数値のイギリスやフランスでもいいのでは？　と思うかもしれませんが、そこは日本に住んでいるからこその「情報の手に入りやすさ」を考慮して、日本株がベストだと考えています。


ということで、前述した通りデータだけで株価は測れませんが、割安である分、値上がりの余地がありつつ値下がりはしにくいと言えますよね？

そのため、**現在人気ナンバーワンの米国株に加えて、現在は低迷しているけど実力**

はある日本株の両方を持っておくことをおすすめしているのです。

米国株の中でもS&Pを推すのは、**米国の最強銘柄のみを取りそろえている&手数料が安い**からです。米国株には全米やナスダック、増配・高配当株などいろいろありますが、やはり適度に分散されていて、時価総額の高い大型株が中心のS&P500が、NISAのような長期運用が基本のものには合っていると思います。

S&P500とは?

S&Pダウ・ジョーンズ・インデックス社が公表している株価指数のこと。市場規模、流動性、業種等を勘案して選ばれたニューヨーク証券取引所やナスダックに上場および登録されている約500銘柄を時価総額で加重平均し指数化したもの。

そして日本株の場合は、私はTOPIXを推していますが、これはS&P500

と同じ加重平均を採用しているので、長期保有には向いていると判断したから。

ただし、過去の成績を見るともうひとつの有名な指標である日経２２５のほうがいいので、ここはお好みでって感じですね。

ＴＯＰＩＸ、日経２２５とは？

ＴＯＰＩＸとは、東証プライムに上場するすべての国内株式を対象とした株価指数のこと。

日経２２５とは、日本経済新聞社が発表する株価指数で、東証プライム上場銘柄のうち日本株式市場を代表する２２５銘柄を対象としているもの。


私的に、日経２２５は東証プライム市場全体の13％しかカバーしていないという点が引っかかるので、長期保有のＮＩＳＡにはより分散が効いていて自動的に加重が調整されるＴＯＰＩＸのほうが向いているのでは？　と考えています。

しかし、見方によっては、日経２２５はうまく銘柄選定をしているからこそ

TOPIXよりも好成績を叩き出しているとも言えるので、日経225のほうを選んでも全然問題はありません。というか、ここでそんなに大きく悩むほどの違いはそもそもないですしね。

新興国株はどうする？

新興国株については、経済状況はもちろん政治も発展途上で不安定ということもあって、より読みにくく正直どう動くかはわかりません。

ただ、その分大きく動く可能性も高いため、やはりこれも一定数入れておくべきだと考えています。

新興国株は、代表的な指標としてMSCI社とFTSE社の2つがありますが、私はより多くの銘柄をカバーしていて、かつ韓国が入っていない分インドの割合がMSCIよりも大きいFTSEのほうをおすすめしています。

ただし、こちらも好みが分かれると思いますので、

・**今後韓国に期待している場合…ＭＳＣＩ**
・**今後インドに期待している場合…ＦＴＳＥ**

を選べばよいでしょう。

ちなみに、実は全世界株式にもＭＳＣＩとＦＴＳＥのものがあり、新興国と同じくＦＴＳＥのほうがカバーしている銘柄は多いんですよね。

しかし、全世界株式のほうは元からどちらも分散は十分に効いていて、実際に両者のパフォーマンスはほぼ互角。そのため、こちらは手数料の安さ優先でＭＳＣＩのほうを選べば問題ないでしょう。

全世界株式とS&P500、両方持つのは意味がない⁉

「米国株と日本株を分散して持つのは意味がない」という意見と同様に、全世界株式とS&P500を併用して持つのも意味がない、という意見も目にします。というのも、全世界株式の60%を現在、米国株が占めているからです。

たしかに今の時点では米国が強いので、全世界株式とS&P500は同じようなラインナップになっていますが、**30年後はどうでしょうか？**

第2章でも示したように、30年で上位の銘柄は一新されます。

その場合、全世界株式であればそのときの世界の時価総額比重に合わせて自動的に投資先が変更されますが、S&P500はあくまで米国の中での上位のものに限られてしまうのです。

たとえるならば、**30年前に「全世界株式とTOPIXは、ほぼ内容は日本株が占めてて一緒だから、TOPIXだけでいいよね～」って言っているのと同じ**なんですよね。

そして、先にも述べたように新NISAでは途中売買せずに含み益を大きくしていったほうが有利になるので、**超長期で持つにはやはり「全自動」の全世界株式が向いていると言える**のです。

ただし、もう少し短いスパンで見るとS&P500のほうがハイパフォーマンスのため、今は絶好調のS&P500の割合を多く持っておいて、その後、世界の情勢を見ながら「手動」でS&P500とTOPIXとFTSE新興国株の割合を変えていくという感じですね。

まとめると、やはり**すべてを全世界株式にしてしまえばただただ持ち続けるだけなので超絶ラクです。**

その分つまらないとも言えますが、**完全にホッタラカシにしたい方には、これが最適解**ですね。また、手動の切り替え判断をする自信がない方も、全自動の全世界株式1本にしておくのがいいでしょう。

私が考えるベストな割合はこれ！

ということで、NISAの場合、つみたて枠でも成長枠でも「全世界株式」が一番おすすめですが、自分で一部調整したいという方向けに「3つの布陣」も入れる提案をしました。では、その割合はどのくらいが理想なのか、解説していきますね。

まず、やはり「全世界株式」は少なくとも半分以上入れていただきたいです。何度も言うようですが、**NISAに一番向いているのは全世界株式**ですからね。

そして、残りの半分以下の部分で3つの布陣を入れるわけですが、その割合は、あくまで現時点の話にはなりますが、ざっくり「**S&P500：TOPIX：FTSE新興国＝5：3：2**」くらいで私は考えています。

ただし人によっては、いやまだまだ米国株一択！　という方もいると思いますし、逆にもっと日本株や新興国の比重を上げたいという方もいらっしゃいますよね。

そのため、この部分の割合は、**それぞれ自分が納得できる割合に変えていただいて構いません。**ということで、私がおすすめする割合を表すと、

【全世界株式1本でまとめるなら】
全世界：S&P500：TOPIX：FTSE新興国＝10：0：0：0
【全世界株式＋3つの布陣にするなら】
全世界：S&P500：TOPIX：FTSE新興国＝5：2.5：1.5：1

になりますが、人によっては、「7：1：1：1」とか「5：5：0：0」とか「5：0：2.5：2.5」という感じで、どのように割り振ってもOKです。
要は、**投資額のうち必ず「半分以上が全世界株式」にさえなっていればOK**なので、あとは3つの布陣をそれぞれ自由に組み合わせて、投資を楽しみましょう！

そして、具体的な商品の選び方は全世界株式のときと同じで、投資信託のページの検索欄に、次のように入力→チェックするだけ。

・S&P500…「S&P500」と入力して取扱取引：つみたてNISAにチェック
・TOPIX…「TOPIX」と入力して取扱取引：つみたてNISAにチェック
・FTSE新興国株…「新興国株」と入力して取扱取引：つみたてNISAにチェック

あとはその絞られた数本から手数料が最安値のものを選ぶだけですが、新興国の場合のみ、その中からベンチマークが「FTSE・エマージング・インデックス」になっているものを選びましょう。

こちらでも最安値は同額でいくつか出てくるので、その場合も運用期間が長く純資産が大きいものを選べばOK。

ということで、こちらも同じように検索結果から導き出した2023年10月末時点で選ぶべき3つの布陣の商品名はこちら。

【SBI証券】
・三菱UFJ　eMAXIS Slim米国株式（S&P500）
・SBI　SBI・iシェアーズ・TOPIXインデックス・ファンド
・SBI　SBI・新興国株式インデックス・ファンド

【楽天証券】
・楽天・S&P500インデックス・ファンド
・三菱UFJ　eMAXIS Slim国内株式（TOPIX）
・SBI　SBI・新興国株式インデックス・ファンド

【マネックス証券】
・三菱UFJ　eMAXIS　Slim米国株式（S&P500）
・三菱UFJ　eMAXIS Slim国内株式（TOPIX）
・SBI　SBI・新興国株式インデックス・ファンド

ただし、こちらも実際に買うときには再度検索をかけて、今も手数料が最安値かどうか確認してくださいね！

つみたて枠と成長枠の具体的な振り分け案

次に、つみたて枠と成長枠の具体的な振り分け例と、その場合どのくらいで上限に達するのかを計算してみました。これを参考に、自身の余剰資金をどのように振り分けるのか計画を立ててみてくださいね。

まずは、つみたて枠は161ページの通り。上限は1800万円ですが、まとまった余剰資金があり、そちらで成長枠を使う場合はそれを引いた額まで利用可能です。ただし、つみたて枠の年間上限は120万円のため、もし今後発生するであろう余剰資金が月10万円以上の場合は、成長枠が余っていれば成長枠の年間最大240万円の枠も使うといいでしょう。すると、合わせて月最大30万円まで積立が可能に。

このように、まとまった余剰資金はないけど今後発生するであろう余剰資金は多い場合は、両方の枠をうまく使って、全体の1800万円を埋めていきましょう。

また、この積立に第4章でおすすめしたクレカ決済を利用してポイントを貯めることもお忘れなく！

・SBI証券×三井住友カードゴールド（NL）の場合…月5万円の積立で500ポイント

・楽天証券×楽天ノーマルカードの場合…カード決済月5万円で250ポイント、楽天キャッシュ決済月5万円で250ポイント

・マネックス証券×マネックスカードの場合…月5万円の積立で550ポイント

のポイントが別途毎月もらえちゃうのはおいしすぎます♪

そして成長枠は、162ページの通り。

ちなみに、買うタイミングはいつがいいか？　もよく聞かれます。セオリー通りに言えば年初が一番いいですが、私は絶対に1月中！　みたいには考えておらず、年初～年中くらいで考えています。

また、たまにみんなが年初に買うと高値摑みになるのでは？　という方もいますが、株式市場は世界中の人が参加しているので、一部の日本人が多少まとめて買ったところで影響はありません。

「つみたて枠」の具体的な買い方例

- 資金源…「今後発生するであろう余剰資金」の80%以下
- 金額…年最大120万円の合計最大1800万円
- 買うべき商品…「全世界株式1本」もしくは「全世界株式＋3つの布陣」

	何を買う?	いくら買う?
月々3万円	全世界株式1本なら	3万円
	全世界株式+3つの布陣なら	全世界:S&P500:TOPIX:FTSE新興国＝15,000円:7,500円:4,500円:3,000円

→年間36万円×50年で上限の1800万円に到達

	何を買う?	いくら買う?
月々5万円	全世界株式1本なら	5万円
	全世界株式+3つの布陣なら	全世界:S&P500:TOPIX:FTSE新興国=25,000円:12,500円:7,500円:5,000円

→年間60万円×30年で上限の1800万円に到達

	何を買う?	いくら買う?
月々8万円	全世界株式1本なら	8万円
	全世界株式+3つの布陣なら	全世界:S&P500:TOPIX:FTSE新興国=40,000円:20,000円:12,000円:8,000円

→年間96万円×18.75年で上限の1800万円に到達

	何を買う?	いくら買う?
月々10万円	全世界株式1本なら	10万円
	全世界株式+3つの布陣なら	全世界:S&P500:TOPIX:FTSE新興国=50,000円:25,000円:15,000円:10,000円

→年間120万円×15年で上限の1800万円に到達

「成長枠」の具体的な買い方例

- 資金源…「現在あるまとまった余剰資金」の80%以下
- 金額…年最大240万円の合計最大1200万円
- 買うべき商品…「全世界株式1本」もしくは「全世界株式+3つの布陣」

200万円の場合

何年目に買う?	何を買う?	いくら買う?
1年目	全世界株式1本なら	200万円
	全世界株式 +3つの布陣なら	全世界:S&P500:TOPIX:FTSE新興国 =100万円:50万円:30万円:20万円

500万円の場合

何年目に買う?	何を買う?	いくら買う?
1年目	全世界株式1本なら	240万円
	全世界株式 +3つの布陣なら	全世界:S&P500:TOPIX:FTSE新興国 =120万円:60万円:36万円:24万円
2年目	全世界株式1本なら	240万円
	全世界株式 +3つの布陣なら	全世界:S&P500:TOPIX:FTSE新興国 =120万円:60万円:36万円:24万円
3年目	全世界株式1本なら	20万円
	全世界株式 +3つの布陣なら	全世界:S&P500:TOPIX:FTSE新興国 =10万円:5万円:3万円:2万円

1000万円の場合

何年目に買う?	何を買う?	いくら買う?
1年目	全世界株式1本なら	240万円
	全世界株式 +3つの布陣なら	全世界:S&P500:TOPIX:FTSE新興国 =120万円:60万円:36万円:24万円
2年目	全世界株式1本なら	240万円
	全世界株式 +3つの布陣なら	全世界:S&P500:TOPIX:FTSE新興国 =120万円:60万円:36万円:24万円
3年目	全世界株式1本なら	240万円
	全世界株式 +3つの布陣なら	全世界:S&P500:TOPIX:FTSE新興国 =120万円:60万円:36万円:24万円
4年目	全世界株式1本なら	240万円
	全世界株式 +3つの布陣なら	全世界:S&P500:TOPIX:FTSE新興国 =120万円:60万円:36万円:24万円
5年目	全世界株式1本なら	40万円
	全世界株式 +3つの布陣なら	全世界:S&P500:TOPIX:FTSE新興国 =20万円:10万円:6万円:4万円

私たちの新NISA戦略はこんな感じ

さて、今ご紹介した振り分け案をもとに、ある程度自分の戦略は立てられたでしょうか？　ここで参考までに、私と私の夫、そして編集者Kさんの3人の実際の戦略について紹介したいと思います。

それぞれ前提条件が違うため、戦略も三者三様となりましたよ〜。

管理人ちーの場合

つみたて枠

【使用する証券口座】楽天証券
【使用するクレジットカード】楽天ノーマルカード　【金額】月10万円

【買う内容】全世界：S&P500：FTSE新興国＝5：3：2
※私の場合すでに別で日本株は保有しているためTOPIXは除外
【内訳】全世界：S&P500：FTSE新興国＝5万円：3万円：2万円
【ポイント】楽天カード決済月5万円と楽天キャッシュ決済月5万円の両方を使う予定のため、毎月500ポイント獲得予定

成長株

【金額】1200万円　【買う内容】全世界と日本株
【内訳】1年目 全世界240万円　2年目 全世界240万円
3年目 全世界240万円　4年目 日本株240万円
5年目 日本株240万円

私の場合は、年間で成長枠240万円、つみたて枠120万円のマックス360万

円を最短の5年で埋める予定です。

そして、私は現在資産形成期ではなくすでに活用期に入っているので、成長枠のほうでは4年目と5年目にちょっと実験的に配当金の出る日本株を入れてみようかなと思っています（ただ、まだ先のことなのでわかりません。結局面倒くさくなって全部全世界株式で埋めるかも……）。

また、私は特定口座のほうでSBI証券×三井住友カードゴールド（NL）の月5万円の積立も継続する予定なので、ポイントは合計1000ポイント毎月もらっちゃいます！

管理人ちーの夫の場合

つみたて枠

【使用する証券口座】SBI証券
【使用するクレジットカード】三井住友カードゴールド（NL）
【金額】月10万円　【買う内容】全世界1本　【内訳】全世界10万円

【ポイント】5万円クレカ決済を利用して毎月500ポイント獲得予定

成長株

【金額】240万円+毎月20万円　【買う内容】全世界1本
【内訳】1年目 全世界240万円　2年目 全世界月20万円×12カ月
3年目 全世界月20万円×12カ月　4年目 全世界月20万円×12カ月
5年目 全世界月20万円×12カ月

夫は投資に関してはまだ初心者で運用にも興味がないため、内容は全自動の全世界株式1本に絞っています。

資金のほうは、まとまった余剰資金はあまりないので1年目のみ成長枠を一括で埋めて、2年目からは今後発生するであろう余剰資金を使って、つみたて枠10万円+成長枠20万円の月30万円を埋める予定。
そのため、夫も最短の5年で上限の1800万円を目指します！

ここで裏技！

夫は平均的な年収ですが、新NISAが始まってから5年間は、生活費の負担をしないことで月30万円をNISAに回す予定です。

先にも述べたように、夫婦間でも資金を提供したら贈与になってしまいます。しかし、消費する生活費を相手の分も負担することは贈与にあたらないので、ややこしいですが、

・夫の口座にNISAの資金として私が月20万円振り込むのはアウト
・夫の生活費分20万円を私が払うのはセーフ

となるわけです。

これは夫婦ならではの裏技ですが、このようにどちらかに資金の余裕があるのであれば、余裕のないほうが投資に回せるよう生活費分で調整するのも手ですよ！

編集者Kさんの場合

つみたて枠

【使用する証券口座】 楽天証券

【使用するクレジットカード】 楽天ノーマルカード 【金額】 月7万円

【買う内容】 全世界：S&P500：TOPIX：FTSE新興国
＝5：3：1：1

【内訳】 全世界：S&P500：TOPIX：FTSE新興国
＝3万5000円：2万1000円：7000円：7000円

【ポイント】 楽天カード決済月5万円と楽天キャッシュ決済月2万円の両方を使う予定のため、毎月350ポイント獲得予定

成長株
まとまった余剰資金はないためなし

Kさんの場合は夫とは逆で、全世界株式だけではつまらないかなぁということで、3つの布陣も入れる戦略をとっています。比率は計算しやすいように整数にしたそう。

また、Kさんは前著『ゆるFIRE』の編集をきっかけに、余剰資金を使って投資を始めてくれたため、現在まとまった余剰資金はありません。

しかし、新NISAが始まってからは現在の月5万円の積立から月7万円に増額予定とのこと。初心者とは思えない優秀さです……！

超理想のちょうどいいコースはこれ！

そして最後に、18歳でイチから始める方に向けて、私だったらこうするな～という超理想のちょうどいいコースというのも考えてみました。

まとまった余剰資金はない前提で、NISAのつみたて枠のみ使います。

この通りにいけば、適度に今も楽しみつつ、お金がいろいろと必要になるであろう40代後半で3000万円に到達できるでしょう♪

※年利は5％で統一しています。

18歳〜23歳「経験第一期」

- NISA口座開設
- クレカ積立ができるクレジットカード作成
- 給与もしくはバイト代から練習として月3000円クレカ積立開始
- 残りは欲しいものを買ったり、旅行や留学など経験に使おう！

運用利回り（年）／5%
初期投資額／3000円
毎月の積立金額／3000円
積立期間／6年

6年後、
23歳時点のNISA想定額
約250,000円

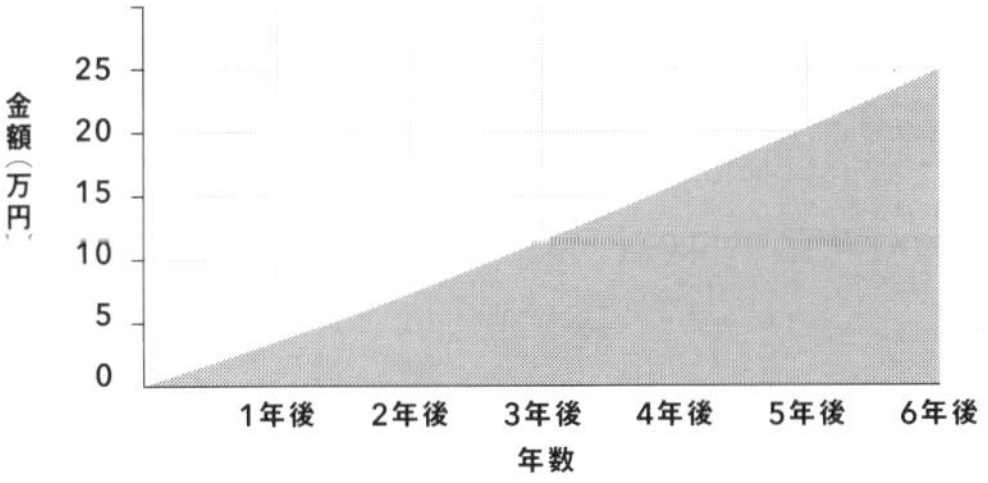

［NISAつみたて枠］
元本約21万円、時価約25万円

ここで、投資に回すと増えたり減ったりすることを経験する！

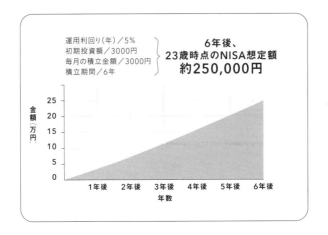

24歳〜29歳「人生の方向性を決める期」

- 余剰資金は自己投資に優先して使う
- 生活防衛資金として普通預金に別途100万円貯めておく
- 余剰資金を年間30万円捻出し、そこから20%の現金クッション6万円を引いた24万円で月2万円積立を開始

運用利回り(年)/5%
初期投資額/25万円
毎月の積立金額/2万円
積立期間/6年

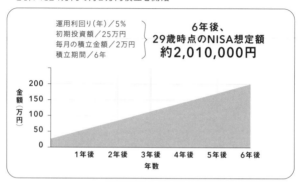

6年後、
29歳時点のNISA想定額
約2,010,000円

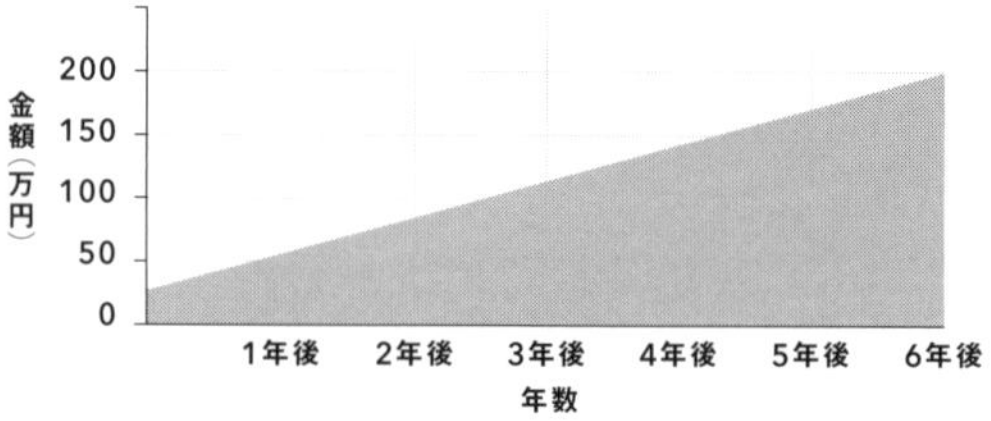

[NISAつみたて枠]
元本約167万円、時価約201万円

29歳時点の資産全体のイメージは下図の通り。

30歳手前で300万円強の資産額となりますが、十分合格点! この頃には投資歴も10年以上となり、利益も徐々に積み上がってきて、投資の重要性も実感していることでしょう。

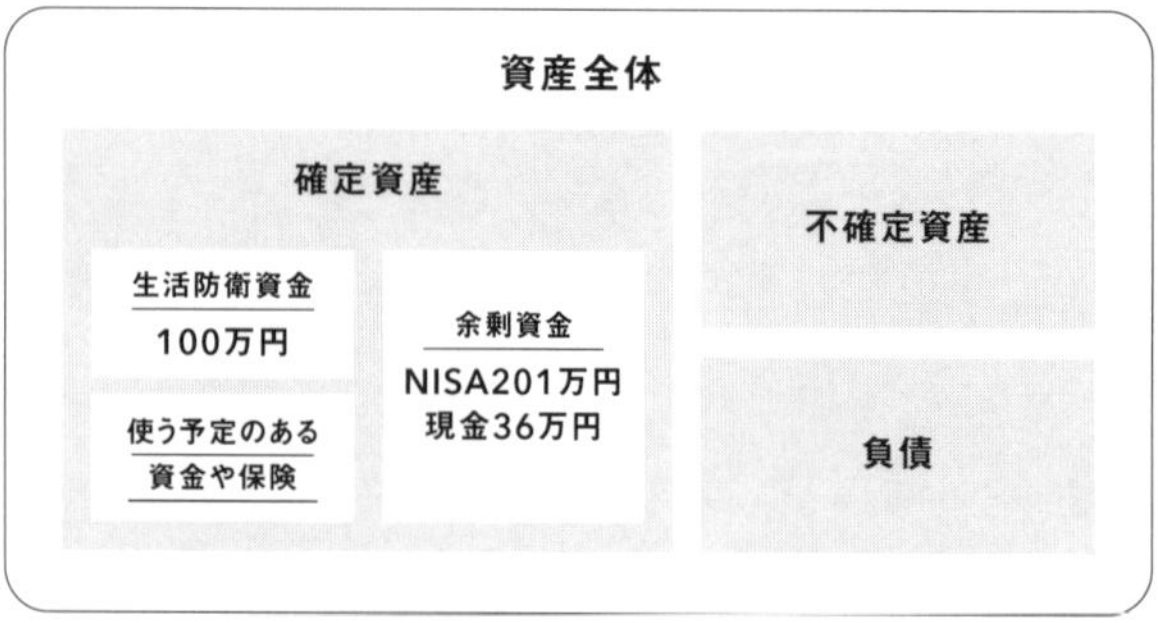

30歳〜37歳「仕事邁進期&資産形成初期」

- 自己投資と経験値の積み上げにより収入アップ
- 仕事を増やして遊びを減らすことによって収入＞支出を実現
- 結婚や出産などイベントには出費を惜しまない
- 余剰資金を年間75万円捻出し、そこから20％の現金クッション15万円を引いた60万円で月5万円積立を開始

運用利回り（年）／5％
初期投資額／201万円
毎月の積立金額／5万円
積立期間／8年

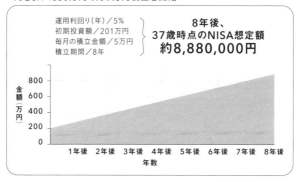

**8年後、
37歳時点のNISA想定額
約8,880,000円**

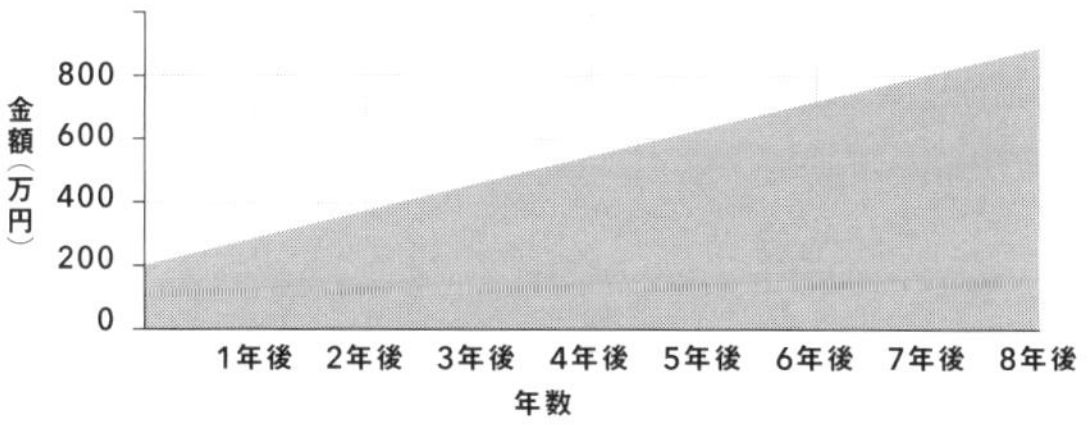

［NISAつみたて枠］
元本約647万円、時価約888万円

37歳時点の資産全体のイメージは下図の通り（家族の増加を見越して生活防衛資金は300万円に増額）。

資産は1000万円を超え、安心感がグッと増してくる頃です。投資による運用益もどんどん大きくなってきた！

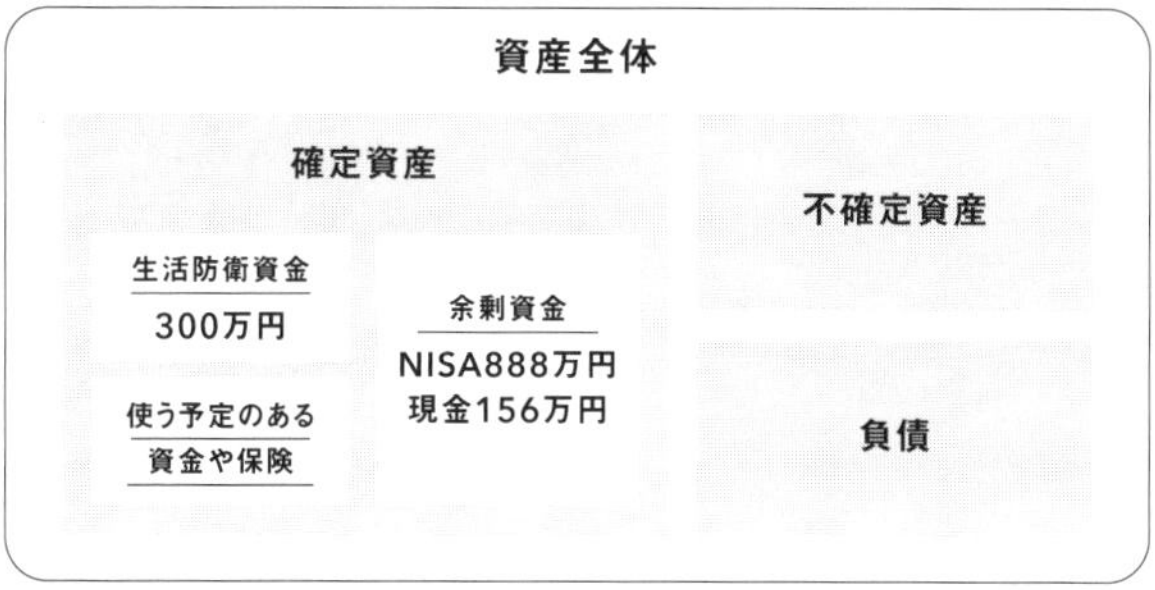

38歳～47歳「仕事安定期&資産形成後期」

- 収入も安定して一番貯めやすい
- 子どもがいる場合はお金がかかってくるが共働きで乗り切る
- 余剰資金を年間120万円捻出し、そこから20%の現金クッション24万円を引いた96万円で月8万円積立を開始

運用利回り（年）／5%
初期投資額／888万円
毎月の積立金額／8万円
積立期間／10年

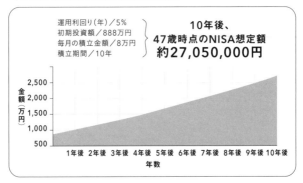

10年後、47歳時点のNISA想定額 約27,050,000円

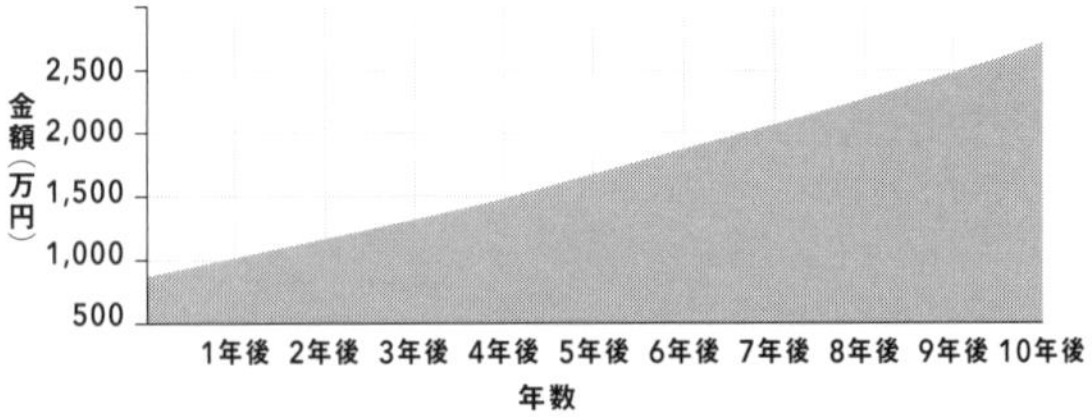

［NISAつみたて枠］
元本約1607万円、時価約2705万円

47歳時点の資産全体のイメージは下図の通り。

47歳で3000万円に無事ゴール！　ここからは毎年増えた分を使って、小さな自由を謳歌していきましょう♪

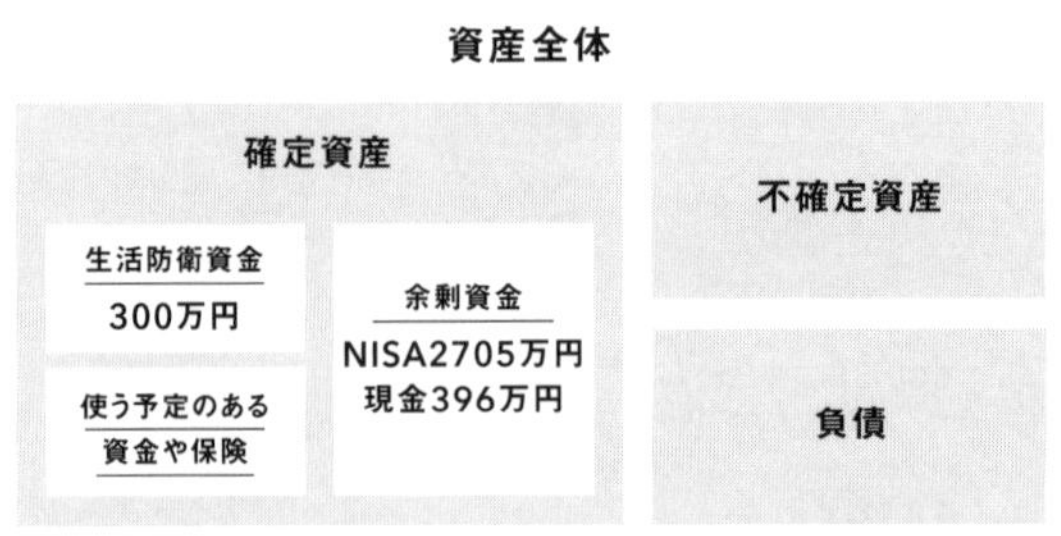

第6章

確定拠出年金を使った老後資金のつくり方

確定拠出年金が必要なのはこんな人

第3章でお伝えしたように、ＮＩＳＡは小さな自由が買える小さな資本をつくるために活用するものですが、確定拠出年金（企業型ＤＣ、ｉＤｅＣｏ）は老後の資金準備に活用するものです。

老後の資金がどのくらい必要か？　は人それぞれの生活レベルや家族構成によっても変わってきますが、現在平均的な暮らしの夫婦の場合で年金以外に２０００万円必要と言われていることを考えると、それ以上には必要になることが予想されます。

なぜかといえば、少子高齢化によって公的年金の支給額が下がっていること、そして物価高によって今より支出が増える可能性が高いからですね。

それをふまえて、現在30代である私が老後に備えて最低限用意しておきたいと思っている金額は、

・会社員（第2号被保険者）で3000万円
・自営業（第1号被保険者）で5000万円
※家賃もしくは住宅ローン有を想定
※夫婦の場合はこの1・6倍
　です（夫婦の場合については特典原稿で別途解説）。

え？　金額が大きすぎて用意できる気がしない？　しかし、実際にこのくらい必要になる可能性も十分にあるわけです。
また、ＮＩＳＡのほうで元本として3000万円維持できていれば、あとは確定拠出年金を追加して足りない分を補えばいいだけ。
そう思うと、結構できそうな気がしませんか？

会社員よりも自営業のほうが2000万円も多く必要なのは、会社員は厚生年金に加入している第2号被保険者で、自営業やフリーターは国民年金に加入している第1号被保険者だから。そのため、とくにこの確定拠出年金は第1号には必須の制度です。

そして、会社員の場合は退職金とＮＩＳＡで必要な老後資金が十分確保できるので、さらに確定拠出年金をする必要はありません。

しかし、退職金がない方の場合は退職所得控除の非課税枠もまるっと使えますし、万が一に備えてｉＤｅＣｏを追加でやるのがおすすめです。

逆に、退職金が１０００万円以上ある方が確定拠出年金もやると、非課税枠を超えてしまってその分課税される恐れも。そのため、まずは次のチェックフローチャートを参考に、自分には確定拠出年金が必要か確認してみてくださいね。

確定拠出年金が必要かどうかのチェックフローチャート

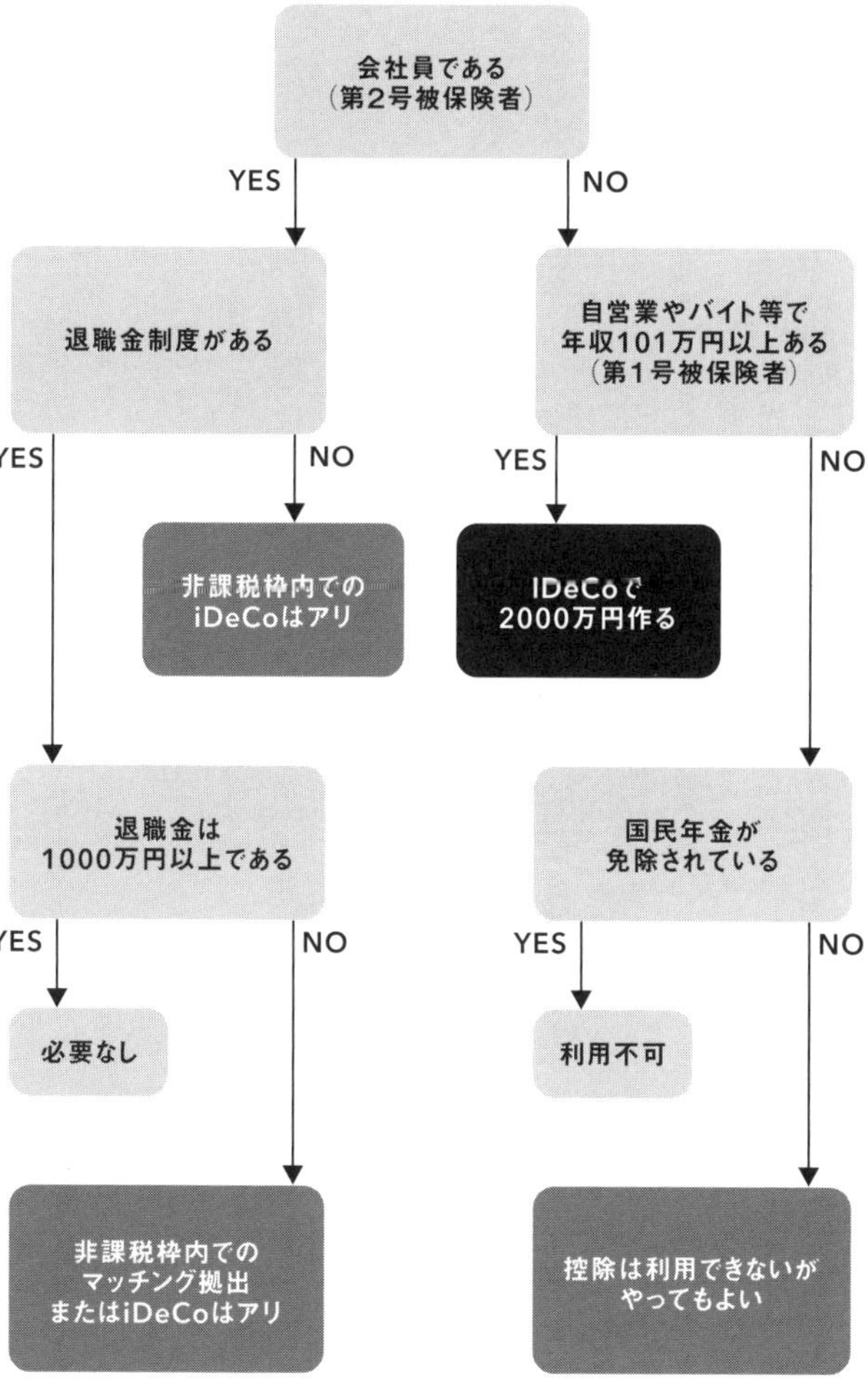

第1号被保険者は必ず自前年金をつくるべし

自営業やフリーランスなどの第1号被保険者は、第2号被保険者である会社員と違って、将来受け取れる年金額が少ないです。

実際に比較してみると、令和3年度の厚生年金の平均受給額は月約14万円なのに対して、国民年金は約5万6000円と半分以下。満額でも月約6万5000円でした。

ということは、**厚生年金よりも少ない月7万5000円分を、65〜84歳の約20年間自分で賄おうと思うと、1800万円も多く必要になる**んですよね。

そのため、結構びっくりするような大きな金額ではあるんですが、第1号の場合はこのくらい多く準備しなくてはいけないのです。

ところで、現在、高齢者の生活保護件数が年々増えているのをご存じでしょうか?

年金制度の崩壊もたびたび話題になりますが、この先、生活保護件数が増えすぎれば、生活保護制度も危ないかもしれません。

その場合、第2号であれば年金だけで月約14万円の収入があるのに対し、第1号は半分以下。ということは、第1号のほうが生活保護に陥る可能性が高いと言えますが、その制度も崩壊していれば、本当に路頭に迷ってしまうかもしれないのです。

第1号の場合、国民年金基金や小規模企業共済、別途保険等で老後の資金を準備している方も多いでしょう。

そのため、それらを合計して2000万円程度あればOKです。

しかし、第2章でも説明した通り、**運用益非課税かつ所得控除になるiDeCo**は、将来受け取れる期待値と節税面ともに、私はナンバーワンだと思っていますので、このiDeCoを一番に活用することをおすすめします。

また、自営業の場合、事業の失敗等で負債を抱える確率も会社員と比べて高いですよね？　その場合、**資産はNISA口座も含め基本的に差し押さえられますが、国民年金、国民年金基金、小規模企業共済、確定拠出年金等は差し押さえが禁止されて**

いる（一部例外あり）ため、老後の資金として安心して積立ができるのです。

そういった意味でも、資産形成とはまったくの「別枠」で、年金はつくる意味があると思っています。

始める前に、確定拠出年金の注意点を確認しておこう

このように、自前の年金としてとても重要で、NISAよりもお得に運用できる確定拠出年金ですが、その分注意点も多いのが特徴なんですよね。

ざっと書き出すと

- 原則60歳まで引き出せない
- 受け取るときには所得として課税される
- 毎月、手数料がかかる
- 制度の見直しリスクがある

という感じ。

それぞれ順番に確認していきましょう。

原則60歳まで引き出せない

これは確定拠出年金という名前の通り「年金」なので当たり前なんですが、計画が甘いと途中で使うお金も掛金に回してしまい、現役時代に必要資金が足りなくなってしまう方もいるようです。

ただし、その場合、本当にその必要資金は老後の資金よりも重要なのかはよく考えたほうがいいですね。

たとえば、途中で必要になった資金が子どもの学費だった場合、そこでもし確定拠出年金を使わない代わりに学費が捻出できたとしても、その後、自分の老後の資金が足りなくなれば、結局子どものお世話になるだけです。

もちろん必要以上に確定拠出年金にお金をまわしてしまったがために、現役時代に必要な分が使えなくなってしまうのは避けたいところ。そのため、自分にとって必要かどうかは、先ほどのフローチャートでよ〜く確認してから始めましょうね！

受け取るときには所得として課税される

おそらくこれが一番やっかいで、これがわかりにくいからこそやらないという方も多いのではないでしょうか？

確定拠出年金はＮＩＳＡと違って、**受け取るときにはその全額が所得としてカウントされる**という特徴があり、

・一時金として一括で受け取る場合は退職所得
・年金として分割で受け取る場合は雑所得

となります。

退職所得の場合は「退職所得控除」、公的年金等に係る雑所得の場合は「公的年金等控除」とそれぞれ控除枠があるものの、**それを超えた分に関しては課税の対象となってしまうのです。**

退職所得控除

課税の対象となる退職所得の金額を計算する過程で、退職手当等の収入金額から控除する額のこと。次のように計算する。

勤続年数が20年以下	40万円×勤続年数 ただし、この額が80万円に満たない場合は80万円
勤続年数が20年超	800万円+70万円×(勤続年数−20年)

なお、退職所得の金額は、原則として次のように計算する。
(退職手当等の収入金額〈源泉徴収される前の金額〉−退職所得控除額)×1/2

公的年金等控除

受給者の年齢	受け取る年金額(A)		年金以外の所得が年間1,000万円以下の場合	年金以外の所得が年間1,000万円超2,000万円以下の場合	年金以外の所得が年間2,000万円超の場合
65歳未満		130万円未満	最大60万円	最大50万円	最大40万円
	130万円以上	410万円未満	(A)×25%+27.5万円	(A)×25%+17.5万円	(A)×25%+7.5万円
	410万円以上	770万円未満	(A)×15%+68.5万円	(A)×15%+58.5万円	(A)×15%+48.5万円
	770万円以上	1,000万円未満	(A)×5%+145.5万円	(A)×5%+135.5万円	(A)×5%+125.5万円
	1,000万円以上		195.5万円	185.5万円	175.5万円
65歳以上		330万円未満	最大110万円	最大100万円	最大90万円
	330万円以上	410万円未満	(A)×25%+27.5万円	(A)×25%+17.5万円	(A)×25%+7.5万円
	410万円以上	770万円未満	(A)×15%+68.5万円	(A)×15%+58.5万円	(A)×15%+48.5万円
	770万円以上	1,000万円未満	(A)×5%+145.5万円	(A)×5%+135.5万円	(A)×5%+125.5万円
	1,000万円以上		195.5万円	185.5万円	175.5万円

その年に受け取る年金額−公的年金等控除額
=公的年金等に係る雑所得の金額

……と、このようにかなりややこしいマトリクスのため、非課税になるラインを算出するのが超絶面倒くさいんですよね。

ただし、今回は**全額非課税で受け取れるおすすめの運用コース**を紹介しますので、ぜひそれに沿って始めてみましょう。

毎月、手数料がかかる

また、NISA口座と違って、毎月口座の管理手数料がかかるというのも気になるところのようです。
この管理手数料は開設する金融機関によってバラバラですが、私がおすすめしているSBI証券、楽天証券、マネックス証券なら、管理手数料は無料となっています。
ただし、どの金融機関でも最低限、
【加入時】2829円
【毎月】171円（国民年金基金連合会105円＋信託銀行66円）
の2つはかかってしまうため、新卒から定年まで38年間払い続けたとすると、

「2829円+1771円×12カ月×38年＝8万805円」

は経費としてかかってしまうってことですね。

でも、実際めちゃくちゃ安くないですか??

私の場合、第3章でも紹介したように現時点ですでに所得税と住民税の節税のみで約60万円もの利益が出ています。

ということは、**経費として数万円払って60万円も得している**ので、私としてはこの手数料は全然気になりません。

制度の見直しリスクがある

今のところささやかれているのは、退職所得控除の見直し、特別法人税の復活、受け取り開始年齢の引き上げなどですね。

ちなみに退職所得控除の見直しと特別法人税の復活は、確定給付型の退職金にも言えるリスクです。

まずこの2つに関してはは可能性としてはあるものの、老後の資金は自分で用意してもらいたい政府の思惑とは逆行するため、改正されたとしても改悪のリスクは低く、むしろ改善されるのでは？　と思っているくらいです。

また受け取り開始年齢の引き上げは、あったとしてもその分長く運用できるので、そんなにリスクには感じていません。

というか、そもそもこういった制度の見直しリスクは、どんな制度にも言えることなんですよね。

そのため、それを怖がってやらないというのは、大きな機会損失になると言えるでしょう。

第1号被保険者のiDeCo戦略

とまぁこんな感じで、ちょっと気をつけて運用する必要はありますが、国民年金のみの第1号被保険者の場合は、必須でやるべき制度であることには変わりありません。そのため、うまく注意点を回避しながらお得に使いこなしちゃいましょう！

ここから198ページまでは第1号被保険者の方向けのお話になるので、第2号被保険者の方は199ページに飛んでいただいてOKです！

さて、ここで第1号被保険者の方に質問です。「**国民年金の付加保険料**」はご存じでしょうか？

これは、2年で元がとれるという**第1号だけが入れる超絶お得な制度**です。

そのため、前提条件として、何よりもまずこれに加入することをおすすめします。

国民年金の付加保険料とは？

定額の保険料に加えて、月額400円の付加保険料を納める仕組みで、200円×付加保険料を納めた月数分が、老齢基礎年金に加算される。
※ただし国民年金保険料の納付の免除を受けている人や国民年金基金に加入している人は不可

この場合、iDeCoの上限額が1000円減りますが、それ以上のメリットがあるため、私も実際にこちらに入っています。お住まいの市区町村役場で手続きしましょう！

さて、今回は30歳から64歳までこの付加保険料とiDeCoに加入し、65歳から受け取ると仮定して、シミュレーションをしてみたいと思います。
まず、付加保険料は次のようになります。

【期間】 30〜64歳の35年間
【65歳から年金に追加される金額】 200円×420カ月＝8万4000円

ということは、8万4000円×20年分の168万円は、この付加保険料で賄えるため、厚生年金と比べたときの不足分1800万円のうち、iDeCoで用意する必要があるのは残りの約1650万円でOK。そして、65歳時点でiDeCoが1650万円になるためには、月2万円の掛金で十分です。

具体的な運用内容としては、
- 30〜54歳の25年間、年利5％で運用
- 55〜64歳の10年間は徐々に元本保証型に移していく前提で、年利2・5％で運用

これで、総額1800万円達成！

30〜54歳の運用イメージ

運用利回り（年）／5%
初期投資額／0万円
毎月の積立金額／2万円
積立期間／25年

25年後の運用資産額
約11,910,000円

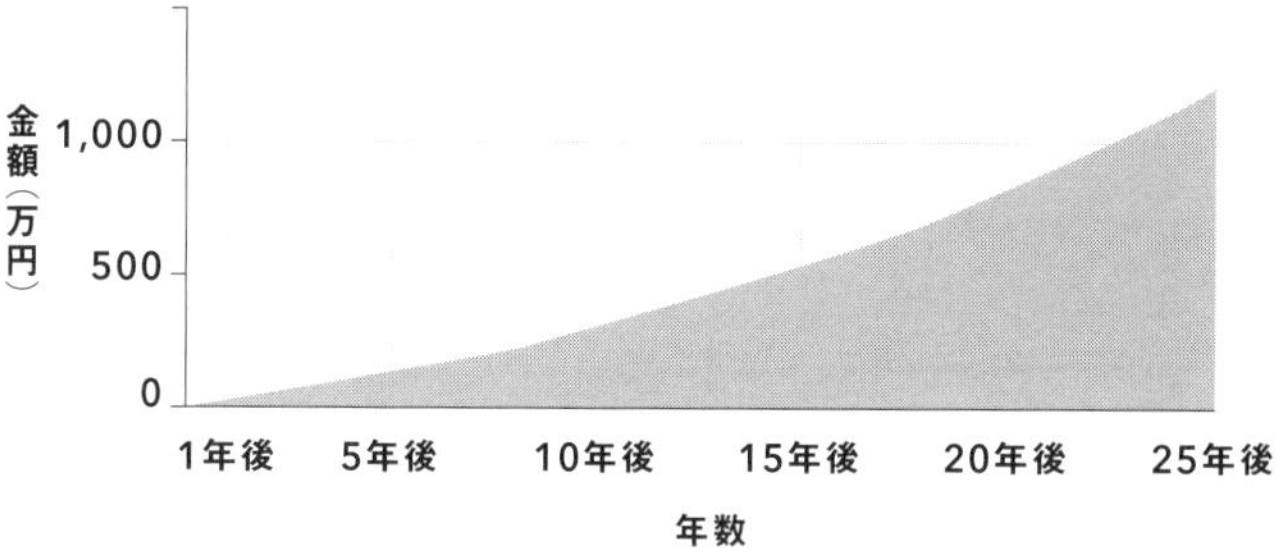

55〜64歳の運用イメージ

運用利回り（年）／2.5%
初期投資額／1191万円
毎月の積立金額／2万円
積立期間／10年

10年後の運用資産額
約18,010,000円

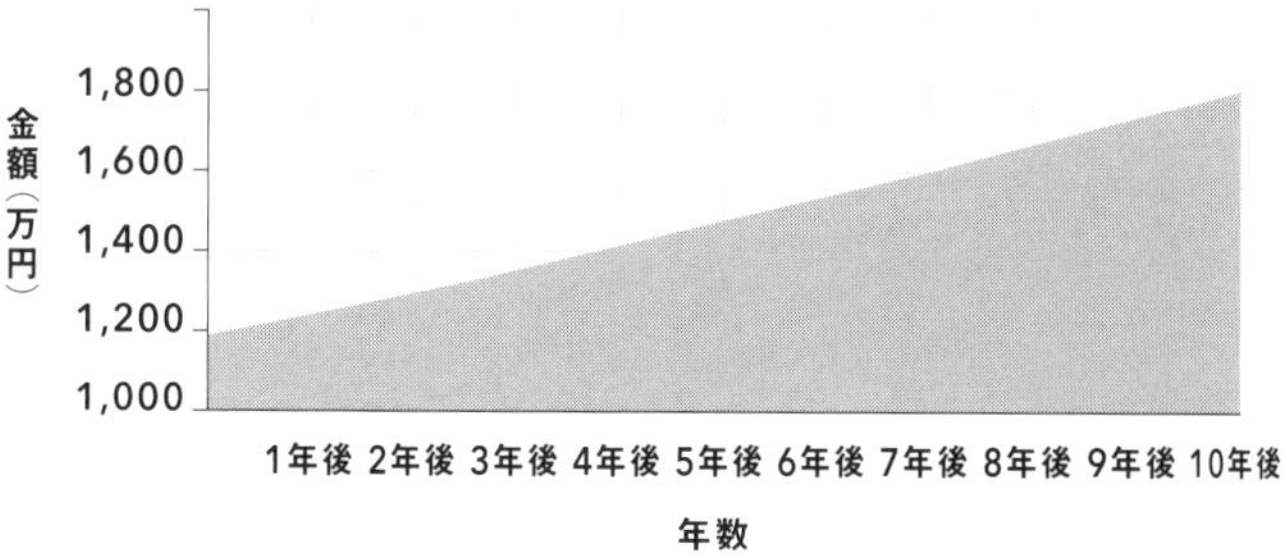

そして、これを受け取るときには、

・一時金として一括で受け取る場合は退職所得
・年金として分割で受け取る場合は雑所得

のどちらかを選択することになりますが、まず退職所得の場合には退職所得控除が使えますので、それがいくらなのか計算してみましょう。

【運用期間】 30〜64歳の35年間
【退職所得控除額】 800万円＋70万円×（35年−20年）＝1850万円

ということで、**1800万円であれば全額非課税で受け取れちゃう**のです。

もちろん、運用状況によってこれよりも低くなったり高くなったりすると思うので、運用がうまくいって非課税の1850万円を超えてしまった場合は、その分課税されてしまいます。

しかし、その場合は運用が想定よりもうまくいったということなので、ありがたく納税しましょう（笑）。

もしくは、受け取るときには一括と分割の他に「併用」も選べるため、非課税の枠内で退職所得として受け取って、残りを公的年金等に係る雑所得として分割で受け取るのもアリ。

65歳からもらえる年金が6万5000円×12カ月＋8万4000円の合計86万4000円の場合、公的年金等控除の控除額は最大で110万円あるので、基礎控除も合わせると年間158万円までは非課税で受け取れるのです。

そのため、この2つをうまく活用すれば、もっと多くの額を非課税で受け取ることもできちゃうんですよね。

実際に、私はiDeCoをこの併用を使って**3000万円全額非課税で受け取る戦略**を立てています。

私の3000万円全額非課税iDeCo戦略

私の場合、確定拠出年金は2008年から利用しており、60代前半の2045年まで37年間運用する予定です。

ということは、退職所得控除は、

・800万円＋70万円×（37年－20年）＝1990万円

そして、私は現在は自営業なので第1号被保険者ですが、10年ほど厚生年金に入っていたので、65歳からもらえる年金を試算してみると年間約100万円でした。

ということは、65歳から使える公的年金等控除と基礎控除を合わせて枠が年間158万円あるので、私の場合は他に所得がなければ残りの58万円をiDeCoに使うことができるのです。

iDeCoを年金として分割で受け取る場合は、5年から最大20年まで分割が可能。

そのため、私の場合だと最大で、

・58万円×20年＝１１６０万円

は非課税で受け取ることができるということになります。

まとめると、

・一括受け取り時に使える退職所得控除…１９９０万円

・分割受け取り時に使える公的年金等控除…１１６０万円

ということで、**合計最大３１５０万円を非課税で受け取れる**ってことですね。

このように、併用をうまく使えば非課税枠はかなり大きくなっちゃうのです！

そして、私の場合はこの枠いっぱいの３０００万円を目標に現在運用中です。

現在の私のｉＤｅＣｏの金額は、約５００万円。そして、毎月6万７０００円拠出しています。

※第1号の場合は月最大6万8000円まで拠出することができますが、国民年金の付加保険料納付ありの場合は6万7000円となります。

現在は節税の恩恵を受けるためにこのようにマックスで拠出をしていますが、総額が2400万円を超えたら、掛金は一気に月5000円に落として、運用内容も株式から元本保証型商品に徐々に切り替えていく予定です。

これによって、2045年には3000万円付近になるように調整していきます。

これがうまくいって出口でも全額非課税で受け取ることができれば、NISAよりもお得に運用できたことになるわけです。

まだまだ道のりは長いですが、NISAとともにこのiDeCoちゃんもしっかり育てていきたいなと思っております。

第2号被保険者のiDeCo戦略

第2号被保険者の場合は、前述の通りマストではないものの、**非課税の枠内での運用であれば所得税・住民税の節税にもなりお得**なので、資金に余裕のある方にはおすすめの方法です。

ただし、会社員は厚生年金のため、公的年金等控除の枠はそちらでほぼ使い切ってしまうはず。そのため、**退職所得控除の範囲内での運用を目指しましょう。**

退職金がない会社員の場合

【運用期間】 30〜64歳の35年間
【退職所得控除額】 800万円＋70万円×（35年－20年）＝1850万円
【拠出額】 月2万円　※人によって拠出限度額は異なる。

・30〜54歳の25年間、年利5％で運用
・55〜64歳の10年間は徐々に元本保証型に移していく前提で年利2・5％で運用

これで、総額1800万円達成！　そして、控除の範囲におさまっているので、無事、全額非課税で受け取ることができますね♪

退職金が1000万円以下の場合

退職金には確定給付型と確定拠出型があり、もし確定拠出型のDCなのであれば、不足分をマッチング拠出によって補うのがおすすめです。というのも、マッチング拠出であればプラスで手数料を払う必要がないから。ただし、企業によってできる・できないがあるため、お勤めの会社に確認してみましょう。

もし確定給付型の場合やマッチング拠出ができない場合はiDeCoで補うことになりますが、退職所得控除の計算は期間によってそれぞれ違うため、**目安として退職金と合計で1800万円以内になるように運用するとよいでしょう。**

30〜54歳の運用イメージ

運用利回り（年）／5%
初期投資額／0万円
毎月の積立金額／2万円
積立期間／25年

25年後の運用資産額
約11,910,000円

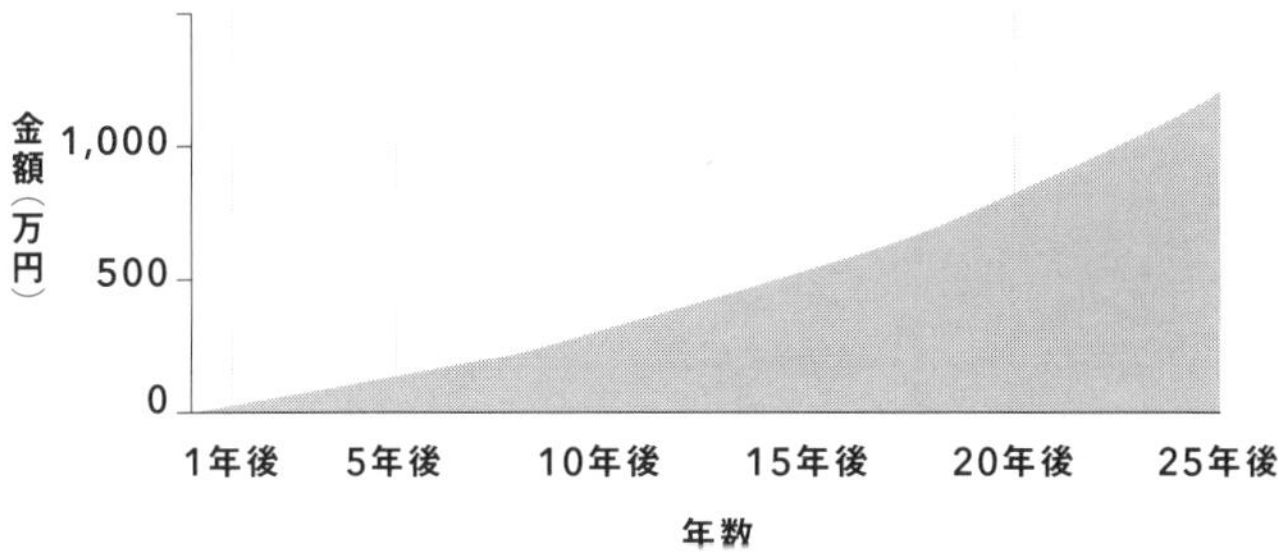

55〜64歳の運用イメージ

運用利回り（年）／2.5%
初期投資額／1191万円
毎月の積立金額／2万円
積立期間／10年

10年後の運用資産額
約18,010,000円

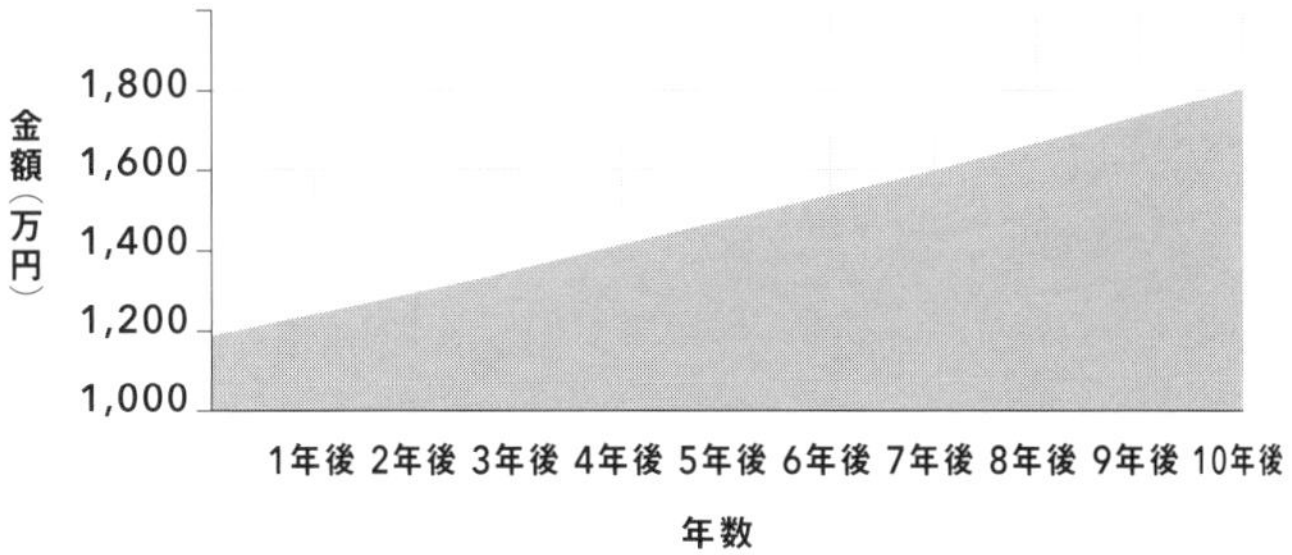

実は扶養内パート（第3号被保険者）にもおすすめ！

実はiDeCoは、扶養内で働く第3号被保険者にも超絶おすすめです。

配偶者に十分な収入があるから必要ないよって方もいらっしゃるかもしれませんが、やはり自分の年金を自分で積み立てることには大きな意味がありますし、節税にもなるので、一度検討してみてはいかがでしょうか？

扶養内パートの場合、社会保険上の扶養のラインである年収130万円未満で働いていらっしゃる方も多いですよね。その場合、少額とはいえ所得税も住民税も発生している方が少なからずいると思います。

ちなみにどのくらいかというと、上限ギリギリの129万円の場合、

【所得税】約1万3000円
【住民税】約3万5000円

の、合計約4万8000円です。

第3号被保険者は社会保険料（健康保険＋年金）の個人負担がない分、社会保険料控除も使えないため、所得税や住民税の負担は重くなるんですよね。

しかし、iDeCoを使えばこれを大幅に削減することができるのです！

第3号被保険者の場合、iDeCoには月最大2万3000円拠出することができるため、**「2万3000円×12カ月＝27万6000円」を所得から控除することが可能です。**

すると、

【所得税】0円
【住民税】約8000円

となり、**なんと1万円以下にまで減っちゃうのです。**

元が約4万8000円と思うと、これはかなり大きくないですか？

掛金分、自由に使えるお金が減るとは言っても、それは将来自分の年金としてもらえるお金です。であれば、掛金をマックスまでかけて節税したほうがお得ではないでしょうか。

パートで働かれている方の中には、子育てをしながら家計の足しになればと頑張っている方も多いと思います。

そんな中で、自分の年金については後回しになりがちだと思いますので、ぜひこの機会にｉＤｅＣｏも検討していただければ幸いです。

iDeCoはどこで開設して、何を買うべき？

最後に、iDeCoを散々推してきた私がおすすめする証券会社と、その証券会社で買うべき商品について解説したいと思います。

まず証券会社ですが、NISAのほうでもおすすめしたSBI証券、楽天証券、マネックス証券で比較してみました。

そして買うべき商品は、こちらも基本的にNISAと同じで、**全世界株式を50％以上入れた上で、残りも全世界株式にするか3つの布陣にするかで選択すればOKです。**

ということで、それぞれの証券会社で取り扱っている全世界株式と3つの布陣商品をピックアップしてみました。

※ただしiDeCoの場合、FTSEベンチマークの新興国株式を取り扱っているところが少なかったため、MSCIベンチマークで統一しています。

SBI証券

	商品名	管理費用
全世界株式	SBI・全世界株式インデックス・ファンド (愛称:雪だるま(全世界株式))	0.1102%程度
	eMAXIS Slim全世界株式(除く日本)	0.05775%以内
3つの布陣	eMAXIS Slim米国株式(S&P500)	0.09372%以内
	eMAXIS Slim国内株式(TOPIX)	0.143%以内
	eMAXIS Slim新興国株式インデックス	0.1518%以内

SBIの場合、全世界株式は2種類あって、NISAのほうでもおすすめしたeMAXISの全世界株式はオールーカントリーのほうではなく、「除く日本」しかありませんでした。その代わりにSBIの雪だるまシリーズが入っているんですが、コストがちょっと高いですね……。

3つの布陣は低コストのeMAXISシリーズでそろっていて優秀!

楽天証券

	商品名	管理費用
全世界株式	楽天・全世界株式インデックス・ファンド	0.192%
3つの布陣	楽天・全米株式インデックス・ファンド	0.162%
	三井住友・DCつみたてNISA・ 日本株インデックスファンド	0.176%
	インデックスファンド海外新興国 (エマージング)株式	0.374%

楽天は全体的にコストが高いです。
また、S&P500ベンチマークがなかったので代わりに全米株式を入れています。

マネックス証券

	商品名	管理費用
全世界株式	eMAXIS Slim全世界株式（オール・カントリー）	0.05775%以内
3つの布陣	eMAXIS Slim米国株式（S&P500）	0.09372%以内
	One DC国内株式インデックスファンド	0.154%
	eMAXIS Slim新興国株式インデックス	0.1518%以内

全世界株式は低コストのeMAXISでグッド！

TOPIXだけeMAXIS以外になっちゃうのが残念ですが、ラインナップとしては一番優秀と言えますね。

ということで、全世界株式を一番ウエイト高く持つことを考えると、iDeCoはマネックス証券が一番お得です。次いでSBI証券、楽天証券って感じですね。

私は今は楽天証券を使っていますが、これを機にマネックス証券に乗り換えようかな？　なんてちょっと思ったりしています（面倒くさくてやらない可能性もありますが……笑）。

ただですね、これはあくまで現時点でのお話で、**今後もずっと一番低コストである保証はありません**。

現に、私は2019年に楽天証券でiDeCoを開設しましたが、当時はまだiDeCoでeMAXIS Slimシリーズを扱っているところがなく、楽天が一番低コストで全世界株式に投資ができましたから。

そのため、**基本は第4章を参考に選んだNISA口座と同じ証券会社で開設すればいい**と思います。そして、私のように証券会社を複数管理することができる方は、NISAとは別で開設してもOKです！

第7章

こんなときどうする？
継続のコツ

投資へのモチベーションが落ちてきたらどうする？

ここまで読んでくださった方は実感していると思いますが、**資産形成はかなりの長期戦です。**

というか、形成期と活用期を合わせれば、一生付き合うライフワーク。

そのため、途中でモチベーションが下がってしまうこともあるんですよね。

たとえば、思うように増えないと、ホントにこれやる意味あるの？　とか、それだったら今使って楽しんだほうがいいんじゃゃ……とか思っちゃうこともあると思います。

また、株価が下がって含み損を抱えてしまった場合も、やらなきゃよかったとか、これ以上損しないためにやめたほうがいいんじゃ……とも思ってしまいますよね。

とくに、先にも説明したように株価は「コツコツドカン」になりやすいので、やっと順調に増えてきたと思ったのに一気に下がってしまったりすると、モチベーションもダダ下がりになってしまいます。

私はもう20年近く株式投資をしているわけですが、投資を始めてすぐに起きたライブドアショックで一気に含み益が消えたときは、株なんてやらなきゃよかったと思いました。

しかし、私の場合、当時はまだ大学生で他のことに意識が向いていたため、あまり思い詰めなかったのが功を奏しました。

その後リーマンショックも経験することになりますが、このときも仕事が忙しくてそれどころじゃなかったため、しばらく放置してたんですよね。

今になって思うのは、**下落局面では他のことに意識を向けて株のことは「忘れる」のが一番**ということです。

実際に、「**株式投資で一番成績がよかったのは亡くなった人**」という有名な逸話も

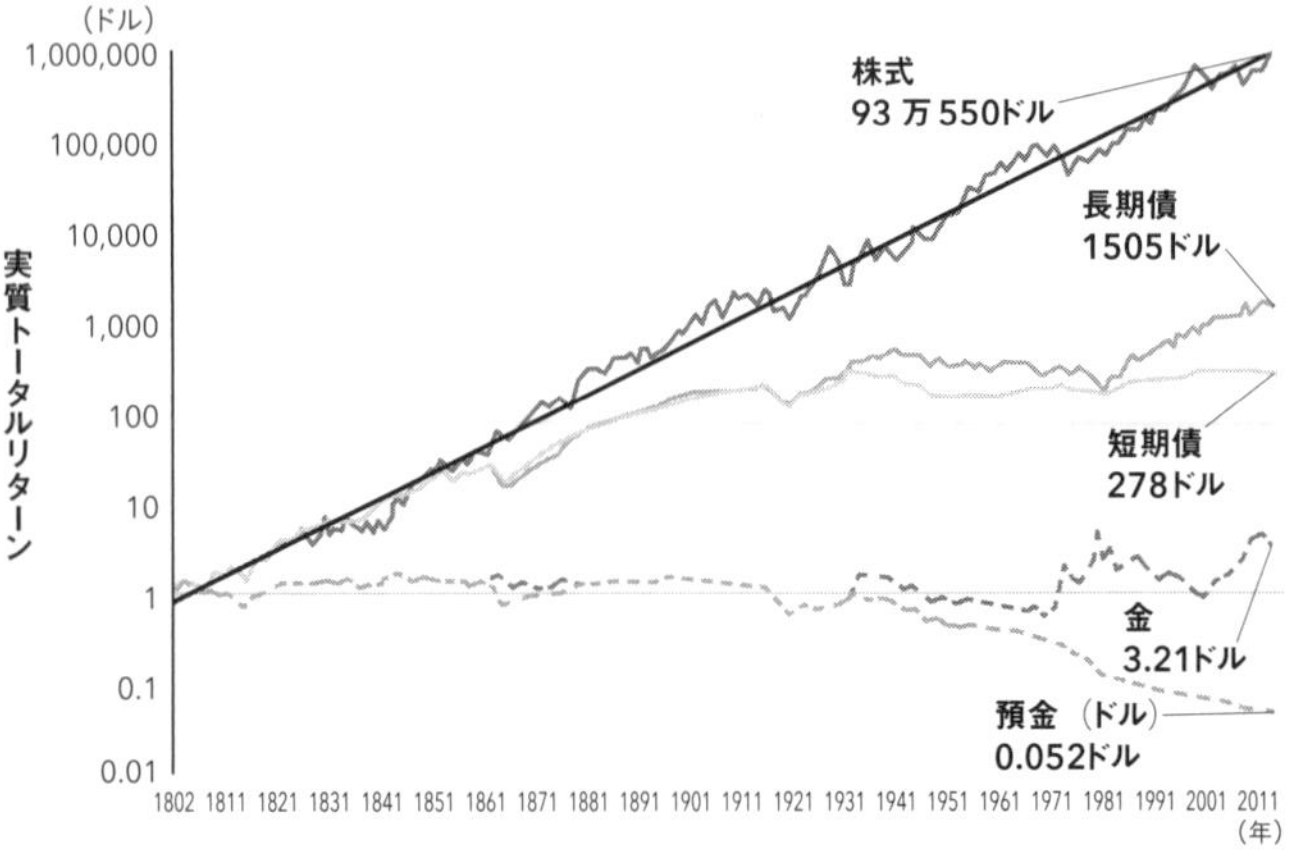

出典：American Association of Individual Investors Journal,August 2014

あるくらいです。

インデックス投資の優位性の話と同じで、**素人が相場状況によって変に売ったり買ったりしないのが損をしない一番の近道**なのです。

それでも下落時は不安で仕方がないという方は、再度このグラフを見ましょう。

私にとって、このグラフが一番、株式投資へのモチベーションが上がりますし、また、どんな相場状況が来ても株式投資の未来を信じることができています。

途中で投資金額を変えたくなったらどうする？

しばらく月5万円を投資に回していたけど、やっぱりもうちょっと増やしたいとか、逆にもうちょっと減らしたいとかそのときの状況によって変わってくることもあるかと思います。

その場合、株価が下がってきたからとか、なんか不安になってきたからなど、**市場状況や自身の心理状況を理由に変えるのはおすすめできません。**

というのも、これも何度も言っていることですが、**素人が相場を読むことはできないから。**

また、定額を積み立てる投資法ではドルコスト平均法の恩恵も受けられますが、都度変えていたらそれも受けられなくなってしまうからです。

そのため、**積立金額を決めたら、基本的には変えないようにしましょう。**

そして、第5章にて投資に回すのは余剰資金の最大80%までとお伝えしましたが、この割合もなるべく早くに固定したほうがいいです。

もちろん最初の数年は自分のリスク許容度を図るためにいろいろ変えてみても構いませんが、数年やってみてからはここも固定してしまいましょう。

もし途中で大幅に収支の変化があった場合は、都度、第4章の将来の余剰資金額を見直して、それに沿って機械的に投資額を決めるのが正解です。

何度でも言いますが、**自分のそのときの気分や感覚でなんとなく変えるというのは絶対に避けましょうね〜！**

途中で投資商品の見直しはしたほうがいい？

第5章で解説した通り、買う商品はそのときの手数料が最安値のものを選べばOKですが、これは毎月やらないといけないのかと言うと、そんなことはありません。

とくにここ最近は、新NISAに向けて各社が低コストの投資信託を発表しているため、数カ月で最安値が入れ替わるなんてことも全然あり得ます。そんな中で毎回最安値に乗り換えていたら、保有商品の種類もどんどん多くなって管理が煩雑になっちゃいますし、何より今や数円単位のコスト差しかないので、毎回検索をかける手間のコストのほうが大きくなってしまう可能性もあるからです。

そのため、私がおすすめするのは**3年に1度くらいの見直し**です。

また、**これはあくまで「新規で買う分の見直し」であって、すでに保有している分は買い直してはいけません。NISAでは、利益確定は御法度だからです。**

どうしても一旦売って入れ替えたいのであれば仕方がありませんが、NISAの場合は、**できる限り途中では売らずに、含み益を大きくしていくのが正解です！**

3つの布陣のリバランスはどうやる？

3つの布陣のリバランスも、同じく一旦売って買い直すのではなく、**新規で買う分の割合を変えることでリバランスしていくのがおすすめです**。

たとえば、しばらく米国株多めの割合で積み立ててきたけど、もうこの先は米国の割合は落としていきたいなと思えば、そこからは日本と新興国中心の比率に変えるという感じですね。

つみたて枠と成長枠、どちらにこの3つの布陣を入れるべきかというと、後で調整がしやすいつみたて枠のほうがおすすめ。

もちろん全世界株式が全体の50％以上を占めてさえいれば、つみたて枠と成長枠の両方に3つの布陣を入れても構いませんが、どちらか一方に入れる場合は、つみたて枠に優先して入れましょう。

そして、何か決定的な事件（経済危機や戦争、政権崩壊など）があり、一旦全部売却したいとなったときだけ、すでに購入済みのものも売却してOKです。

ただ、**決定的な事件が起きても意外と下がらなかったり、逆になぜか上がったりする場合も多い**ので、一旦売却が正解とも限らないのが難しいところなんですよね……。

そのため、「**これから下がるかも」という自分の予想で売却はしないことをおすすめしたい**と思います。

逆に、予想ではなく実際に含み損が大きく出た場合は一旦買い直すのがおすすめです。

というのも、NISAの場合、簿価ベースのため、含み益が出ているものは極力売らないほうがいいですが、**含み損は逆に売却してその分買い増しをしたほうが有利になるからです。**

実は、これが旧NISAとは違う新NISAの素晴らしい点なんです。詳しくは次ページから解説していきます。

途中でリーマンショック級の暴落が来たらどうする？

○○ショックという名がつくほどの暴落が来て、新NISAで大きく含み損が出てしまった場合、どうすればいいのか？　というと、**私なら半分は一旦売却して枠を空け、買い増しをします。**

たとえば簿価、評価額ともに1800万円の状態から50%下落して、評価額が900万円になった場合、そこで半分の450万円を売ると、簿価も半分の900万円回復することになります。

そのため、売却した450万円にプラスして、450万円分、NISAで買い増しができるのです。

これは、いわゆるナンピン（株価が下がったときにさらに買い増しをして、取得単価を下げること）ってやつですね。

暴落が来たときの売却と買い増しのやり方

【NISA口座の時価】900万円　←暴落して下がってしまった！
【NISA口座の簿価】1800万円

↓この状態で半分売却すると……

【NISA口座の時価】450万円
【NISA口座の簿価】900万円　←時価も簿価も半分になる。
現金：450万円

↓450万円資金を追加して、900万円分買い増しすると……

【NISA口座の時価】1350万円　←450万円+900万円
【NISA口座の簿価】1800万円　←900万円+900万円

※全世界株式1本での保有の場合（複数あると、それぞれの取得単価で計算されるため、数字が変わってきます）

旧ＮＩＳＡでは購入できる金額が決まっていたのでこれができませんでしたが、**新ＮＩＳＡであれば簿価の範囲内であればいくらでも売買できる**ため、大きく下げたときはこのようにして買い増しをしましょう（ただし、簿価が回復するのは翌年以降）。

ただしこれをやるためには買い増しの資金が必要になります。今回のケースだと４５０万円ですよね。

と、ここで登場するのが**20％分の現金クッション**です。

50％もの暴落になるとさすがに現金クッションだけでは足りないので、その後の余剰資金も使いながら、９００万円分買い増しをしていきます。

実際には、大きく含み損が出ている状況で一旦売るのは精神的にかなりきついと思います。また、その後さらに買い増すとなると尚更です。しかし、長期で考えれば十分挽回はできると思いますので、焦らず、冷静に対処していきましょう。

3000万円到達直前に暴落が来たらどうする？

同じ暴落でも、資産形成初期に起きるものと後期で起きるものでは、まったくの別物になります。資産形成初期で起きる暴落は、長期で見れば実はお得になることが多いんですよね。逆に一番起きてほしくないのは、「資産活用期に入る直前の暴落」です。

簿価1800万円から3000万円にまで大きくなり、いざそこから溢れた運用益を飲もうと思った矢先に、50％下落して1500万円になってしまった場合のダメージは計り知れません。というのも、この場合、吹っ飛ぶのは今までコツコツ積み上げてきた「含み益」。そのため、先ほど紹介した買い増しをしようにも、150万円分しか買い増しできないため、焼け石に水なのです。

【NISA口座の時価】1500万円
【NISA口座の簿価】1800万円

←この状態で半分売却すると……

【NISA口座の時価】 750万円
【NISA口座の簿価】 900万円
【現金】 750万円

←150万円資金を追加して900万円分買い増しすると……

【NISA口座の時価】 1650万円
【NISA口座の簿価】 1800万円

つまり、**買い増しが有効なのは「含み損」が大きい場合だけ**なのです。そのため、**この場合はもう買い増しなどはせず、ただただ回復を待つしかありません。**

実際このタイミングで暴落が来るというのは不幸でしかありませんが、もう仕方がないので諦めて、また3000万円までコツコツ育てていきましょう〜！

途中で大きなお金が必要になってしまったらどうする？

第4章にて大きな出費は見越した上で余剰資金を捻出しているはずですが、途中で失業してしまったとか、自分や家族に病気が見つかったとか不測の事態というのは起き得ますよね。

そのときには、**惜しみなく育ててきた資本を使いましょう。**

というのも、本書の冒頭で書いたように、そもそものための「小さな資本」ですから。

こういった不測の事態に不運にも遭遇してしまった場合にも、お金がある程度あれば救われるわけです。コツコツと、あなたの味方になるお金ちゃんを育ててきたあなたはすごいです！

途中でインデックス型以外の投資もしたくなったらどうする？

投資をしばらくやっていると、インデックス型の投資信託だけでは物足りなくなってくるというのは、多くの方を見てきて実感しているところです。

ただし、やはり個別株やＥＴＦを入れるのは３０００万円を超えて「資産活用期」に入ってからにするか、もしくは相性の悪いＮＩＳＡではなく、特定口座で持つことをおすすめしたいと思います。

なぜＮＩＳＡと個別株は相性がよくないかというと、ＮＩＳＡは他の課税口座と損益通算（マイナスとプラスがあった場合に相殺すること）ができないので、いわゆる「損出し」ができないからです。

損出しとは？

含み損となっている株式を売却することで、すでに確定している譲渡益や配当金にかかった税金を相殺して取り戻すこと。
たとえばプラス50万円の株とマイナス30万円の株を売却した場合、両者は損益通算され税金は20万円にかかる。

個別株はインデックス型に比べて値動きが激しく、銘柄によって大きくプラスもマイナスも出やすいです。そのため、この損益通算ができる特定口座のほうが有利な場合もあるんですよね。

かくいう私も、すでに資産活用期に入っているため、現在特定口座から受け取っている日本株の配当金を非課税で受け取るべく、ＮＩＳＡの成長枠で買い直そうかと当初考えていました。

しかし、私の場合はすでに10年以上保有しているため含み益分が大きく、一旦売却すると税金分が減ってしまうため、同じ株数を買い直せないという問題にまず直面しました。

さらに、そのように大きく税金を払ってNISA口座に移した後にもし含み損が出ても、損益通算できないのです。

そのため、もしそうなってしまったら悔やんでも悔やみきれないなぁということで、NISAで買い直すのはやめたんですよね。

……と、ここまで言ってもどうしてもやりたいんだって方は、効率よりも自分の気持ちに従って、好きな日本株でも米国株でも何でも買ってください！

この損益通算の問題も、そもそも払う税金がなければ関係ないので、非課税のNISAのみ使う方の場合は問題ではないですしね。

ということで、おすすめの個別株は第8章にて紹介していますので、参考にしていただけたら幸いです。

いざというときの備えとして１０００万円を目指す道

今まで小さな自由を買うための資本として３０００万円をおすすめしてきましたが、そうは言っても「３０００万円は途方もなさすぎて無理」って方もいらっしゃるのではないでしょうか？

非正規だったりフルで働いていない方も多いと思いますので、そういった方には**「いざというときの備えができる１０００万円」を目指していただきたい**と思います。

３０００万円のように小さな自由が買えるほどではないにせよ、１０００万円あれば病気や怪我で一時的に収入が途絶えてしまったときにも安心ですし、何か大きな買い物が必要になったときにも諦めなくて済みます。

そのため、**この１０００万円のラインも十分に目指す価値があるのです。**

１０００万円の場合は、今まで紹介してきた数字の3分の1で計算していただければＯＫです。半分の１５００万円なら半分で計算すればいいだけなので、そのように自分にできる範囲内に置き換えて実行していきましょう！

第8章

どうやって終わらせる？
資産運用の出口戦略

３０００万円に到達したら、まず確認すべきこと

ここからは、資産３０００万円に到達した後、実際にどうやって活用していくか？についてお伝えしていきます。「資産活用期」の話ですね。

株式から得られる運用益には２種類あり、

①株式を売ることで得られる譲渡益（キャピタルゲイン）
②株式を保有することで得られる配当金（インカムゲイン）

のどちらかを使っていくことになります。

今回紹介したＮＩＳＡの運用は、配当金が出ない投資信託のみで構成されているため、①のキャピタルゲインしか使えません。

そのため、**溢れた分は手動で都度売却して、利益を得る必要があります。**

私はこの方法で十分うまく活用できると思っていますが、中にはやはり配当金という形で運用益を得たいという方も一定数いますよね。

その場合は、3000万円に到達したら簿価ベースで1200万円分売却し、空いた新たな成長枠で配当利回り3～4％の高配当株を買うのがおすすめです。

ただし、個別株は成長枠の1200万円でしか買えないため、たとえ配当利回りを4％にしたとしても、年間で受け取れる配当額は48万円。そのため、溢れた水として は物足りなく感じるかもしれませんので、簿価ベースで1200万円売却して得た譲渡益分を使って、特定口座でも追加で配当株を買うのもいいでしょう。

ということで、まずは、このまま今の投資信託を保有して①のキャピタルゲインを得ていくか、もしくは配当株に乗り換えて②のインカムゲインを得ていくかを決めましょう。ちなみに私たちはというと……。

管理人ちーの場合

第1章で紹介したように、私はすでに3000万円から2・5％分の配当金を受け取って生活しています。

そのため、私は②のインカムゲインを得ている状況ですね。

ただし、私の場合これは新NISAではなく旧NISAと特定口座でつくった3000万円なので、新しく新NISAのほうでつくった3000万円からはしばらく運用益は受け取らず、そのまま大きくしていく予定です。

管理人ちーの夫の場合

夫は全額「全世界株式」のインデックス型投資信託なので、①のキャピタルゲインで受け取る予定です。

夫の場合は基本的に車関係の費用に充てる予定なので、溢れた分を都度売却するというよりは、必要な額が貯まってからまとめて売却って感じになるかと思います。

編集者Kさんの場合

Kさんも全額「全世界株式＋3つの布陣」のインデックス型投資信託なので、①のキャピタルゲインになりますね。でも、もっと資産運用に慣れたら、②のインカムゲインにも憧れがあるとのこと。

また、使い方に関しては、今の働き方を変えないとすれば旅行などの趣味に使いたいとのことですが、半分ゆる〜く好きな仕事をして、半分はお金に働いてもらう「ゆるFIRE」もやっぱり気になるそうなので、今後が楽しみですね！

このように、それぞれ自分に合った方法で溢れた運用益は使っていく予定です。ただ、実際にこのフェーズに来たら考え方も変わるかもしれません。

実際のところ、意外と多いのが、結局①も②も使わないパターン。

そう、**「やっぱりもっと大きくしていこう」となるパターン**ですね！

陥りがちな「貯め込みすぎ」にご注意！

3000万円というまとまった金額が持つ力は、第3章で説明した通り。

しかし、いざその3000万円に到達しても、まだ足りないかも……とか、やっぱり5000万円にまで大きくしたいな……とか思ったりするものです。

実際今までも、「もうちょっと増やしてからもうちょっと……」と使わずにどんどん大きくしていくパターンをめちゃくちゃ見てきました。

私も最初は漠然と、最低でも5000万円はないと安心できないと思っていました。

しかし、結局は3000万円も5000万円も気持ちの面での安心感は変わらなかったし、実際に私は3000万円の時点から一部使ってきましたが、労働収入もあるため、資産は減るどころかなんだかんだでずっと増え続けているんですよね。

そのため、私は5000万円貯まるまで待たなくてよかったと思っています。

このように、最終的にＦＩＲＥを目指している場合は別として、今回のように労働収入もありつつ「小さな自由」を得るために貯めた３０００万円であれば、**使わなければ何の意味もないのです。**

そして、多分ですが、**最終的には結局使いきれずに生涯を終えることになると思いますよ！**

今、あなたは喉が渇いていますか？

もし少しでも渇いているのであれば、その欲望に正直になって、溢れた水は飲みましょう。

そして、もしまったく渇いていないのであればもちろん無理に飲む必要もありません。そのまま水が貯まっていくのを、ただただ楽しむのもこれまた一興です。

かくいう私も、今必要な分はちゃんと飲めているので、その他は貯まっていくのを楽しんでいます。

これを私はゲームをクリアした後にレベル上げを楽しんでいる状態と似てるなぁと思っているんですが、そんなふうに、資産運用をまた違ったステージから楽しむのもアリ。


今の私の楽しみは、自分のスタンドがどこまで強くなるのか？　ってことです。

喉の渇きが癒されたら、そんなふうにスタンド育成を楽しんで、一生、資産運用ゲームと楽しく付き合っていきましょう。

使っていく順番は課税口座から

さて、実際にＮＩＳＡから運用益を使う前に、再度、現在の資産状況を確認しておきましょう。第４章にて洗い出しをしていると思いますが、それから10～20年経っているはずですので、そのときとはまた内容も変わっているかと思います。

改めて書き出してみると、

【確定】銀行預金
【確定】有価証券（特定口座、旧ＮＩＳＡ口座、新ＮＩＳＡ口座）
【確定】貯蓄型保険（終身保険、養老保険、学資保険など）
【確定】現金、地金など資産性の高いもの

となっており、もし新ＮＩＳＡ口座以外にも資産があれば、それらを先に使うことをおすすめします。

まず銀行預金。

生活防衛資金や使う予定のある資金や保険、そして別で貯めてある現金クッションを除いてもまだたくさんあるようでしたら、ＮＩＳＡよりもこちらを先に使いましょう。


次に特定口座。

こちらは運用益に対して約20％の税金がかかってしまいますので、使うならこちらが優先ですね。私も現在、特定口座でも株式は持っているので、そちらを優先して使っていく予定です。


次に旧ＮＩＳＡ口座。

まだ非課税期間内であればこちらも最後までとっておきましょう。


次に貯蓄型保険。

こちらはＮＩＳＡで３０００万円達成できていれば、もう必要ないですよね。

というのも、3000万円あればそれ自体が自前の保険になるから。そのため、こちらも先に解約してその返戻金を使っていきましょう。

次に現金や地金など。

こちらは貴重な現物資産として、手元にある程度は確保しておくことをおすすめします。

私も少し前までは手元に現金は残しておかない派でしたが、資産がある程度大きくなってきた今は、全体の資産の分散という意味と災害時を考えて少し持っておくようになりました。

ということで使う順番を整理しておくと、私の場合は、

①余剰分の銀行預金
②特定口座
③貯蓄型保険

④旧NISA口座
⑤新NISA口座
⑥現金や地金など

という感じで考えています。

もちろん、この順番はそれぞれの価値観によって変えていただいてOKです。

ただし、**新NISA口座は含み益を増大させたほうが有利なので、なるべく最後まで温存することをおすすめしたい**と思います。

高配当株に乗り換える方法

では次に、②のインカムゲインを受け取れるように、投資信託から高配当株に乗り換える方法ですが、その場合、第2章でも解説した通り、初心者には確定申告の手間がない**「円建ての日本株やETF」**がおすすめです。

また、日本に住んでいる場合は日本企業のほうが情報が入手しやすいことに加えて、それらの情報が日本語であることもかなり重要です。個別株をやる場合、最低でも決算書が読めるようにならないといけません。そのときにその文字がそもそも読めなきゃ困りますからね。

そして何より、日本で小さな自由を買うにはもちろん「円」である必要がありますよね？　そのため、円建ての配当金がもらえる日本株やETFが最適と言えるのです（逆に言うと、将来的に海外移住を考えている方は、戦略が変わります）。

次に、どういう銘柄で埋めるか？　ですが、**おすすめは大型で安定しつつ高配当傾向の「大手金融系」「大手不動産系」「大手商社系」の3つで大枠を組む方法です。**

こちらは「3つの布陣　日本株ｖｅｒ.」と名付けたいと思いますが、これらでポートフォリオを組めば、配当利回り3～4％は狙えます。

この3つにはどんな銘柄があるかというと、代表的なものは次の通り。

【大手金融系】三菱ＵＦＪ銀行、三井住友銀行、オリックスなど
【大手不動産系】積水ハウス、大和ハウス、野村不動産など
【大手商社系】三菱商事、伊藤忠商事、住友商事など

数年前にブログでこれらの銘柄を紹介したときには、三菱ＵＦＪ銀行、積水ハウス、三菱商事の3つの組み合わせで配当利回りは4％強あったんですよね。

しかし、2023年10月時点では株価の上昇により3％強となっています。

このように、たった数年でも配当利回りは大きく変動しますので、これらの銘柄もすでに高配当とは言えなくなってきているものもあるくらいです。

そのため、実際にポートフォリオを組む際にはこちらを参考にした上で、そのとき割安になっている銘柄を選ぶようにしましょう。

そして、これらは大型株で安定しているとは言っても、**3カ月に一度出される四半期決算の内容は必ず確認し、できれば都度出されるIR情報にも目を通すようにしてくださいね。**

また、こういった大型株ではないですが、私が実際に長期で保有していてそこそこ配当もあっておすすめできる銘柄は、「**9857 英和／9384 内外トランスライン／3023 ラサ商事**」あたり。

ただし、こちらもご自身で四季報情報を読み、買うか否かの判断をしてくださいね!

私の今後の資産運用について

私はすでに必要な資産の形成は終わっており、今は「お金ちゃん」という名のスタンドの育成を楽しんでいると書きました。

では、なぜ今でも資産運用を続けているのか？　といえば、とりあえず未知の領域である「億り人」にはなってみたいなぁと思っているからです。

正直、私の生活レベルにはそんなに大金は必要ないので、必要だからつくるというよりは、**「経験したことがないから経験してみたい」という欲求のため**だったりします。

これって本当にゲームと同じで、クリアア後にレベルを上げるのって一部の人からしたら意味がわからないかもしれませんが、私には、レベル99になったらどのくらいの強さになるのか？　気になるのです。

実際、私は子どもの頃からドラゴンクエストというゲームが大好きなんですが、クリア後に必ずレベル99まで主人公を育てていたんですよね。

そのため、多分意味があるかどうかとかではなく、そういうことがしたい性格なんだと思います。

現在のポートフォリオは第2章で紹介した通りですが、そこに今後は新NISA分も加わる予定です。私の場合は、現在保有している特定口座分も一部売りながら、新NISAの資金を捻出していく感じですね。

ということで、今はただただ自分のスタンドを「億り人ちゃん」にするのが私の目標です。

そして、「億り人ちゃん」になったら何か変わるのか?　変わらないのか?　それを確かめるのが私の今後の楽しみであります。

「お金に働いてもらう」は体験してみないとわからない

ここまで嫌にならずに読んでくださった皆様、ありがとうございます。

どのような感想を抱いたのか私も気になるところですが、この「**お金にも一緒に働いてもらう**」ことの重要性が伝わっていればいいなぁと思っています。


ただ一方で、これは実際に体験しないとどういうことなのか、なかなかイメージできないかもしれません。

そのため、最初は半信半疑でも構いません。

騙されたと思って、始めてみてほしいなと思います。


私自身、若かりし頃に「ネットで株の売買なんて、なんかかっこいい♪」というノリで始めた一人。

株式の知識なんて何もない状態で始めて、損して、それからやりながら勉強して、徐々に利益が出るようになって、今に至ります。

そのため、私はしっかり勉強してから始めなきゃと思ってスタートが遅れるくらいだったら、**とりあえず始めてみることをおすすめしたいと思います。**
ただし、私のようにいきなり個別株に手を出すのではなく、**クレカ決済の積立という安全でお得な方法で、そして少額から始めてみてくださいね。**

私の場合、28歳のときに資産が1000万円を超えて、その後アベノミクスに乗って33歳で3000万円に到達したわけですが、その期間に「お金が勝手に増えていく」というのを体験しました。

そして、その頃に自分の投資経験を誰かにシェアしたいと思い、ブログを始めていたんですが、そのブログ仲間の中に会社員を辞めて投資の運用益で生活する「セミリタイア」を目指している人がいて、衝撃を受けたのを覚えています。

それまで、なぜか「会社員を辞める」という選択肢はまったく思いつかなかったんですよね。しかし、言われてみれば「**自分だけが働く**」**状態から、**「**お金にも働いて**

もらう」ことができれば、自分が働く量を減らすことができるなど。

私の場合はこのように、発信活動をメインでやりたいという自由を手に入れるためにお金にも働いてもらっていますが、それぞれ自分の手に入れたい自由のために「小さな資本」をつくってほしいなと思っています。

そして多くの人に、実際にこの「お金にも働いてもらう」を体験してほしいです！

すでに「1億総投資社会」に突入している

私は今よりもちょっと自由になるため、そして「r＞g」の恩恵を受けるために小さな資本家になることをおすすめしているわけですが、まぁでも現状に満足してるしまだいいかなぁなんて思っている方に、ちょっと怖い話をさせてください。

それは、**今後日本においては、もう労働収入だけでは生き残れない未来が確定しているってことです。**

労働収入の代表格である給与収入は、日本の場合ここ30年ほぼ横ばいです。にもかかわらず、そこから引かれる社会保険料は毎年上がっているため、手取りは年々減っているのが現実ですよね。

それに加えて、物価も消費税も上がっているため、「入ってくるお金」は毎年減っているのに「出ていくお金」は毎年増えているのです。

そんな状況のため、今はよくてもこれから先はそうとも言っていられなくなると私は思っています。

また、30年前の定期預金の年利は5％強もありましたが、現在は0・数％とほぼないに等しくなっていますよね？

そう、昔は余剰資金を銀行に預けるだけで株式投資並みに増えてくれていましたが、今はそうはいかないのです……。

そのため、もはや株式投資をおすすめするという次元の話ではなく、**個々で株式投資も「しなくてはいけない時代」になってしまったと言えるのです。**

今はまだまだ豊かな日本ですが、このように30年前と比べても確実に貧しくなっているのが現実。

ということは、今から30年後は一体どうなってしまっているのでしょうか？

今後も着実に少子高齢化が進む日本において、給与収入が増えることは期待できません。むしろ減っていく可能性のほうが高いくらい。

さらに言うと、あと30年後にはもらえる年金も減っている可能性が高いでしょう。

そのため、残るお金はどんどん少なくなる中で老後の資金も自分で用意しなくてはいけないのです。

日本好きの日本国民の一人として、日本の未来をあまり悲観的には見たくありませんが、今までのような「国におんぶに抱っこの時代」は終わったのかなと思っています。日本人それぞれが、自分の未来のために、自分で資産形成をしていく時代がついに来たって感じですね。

未来のために今、ちょっと頑張ろう

実際に、それを裏付けるのが確定拠出年金の拡充や、今回の「NISAの大幅なバージョンアップ」で、政府もこのようにさまざまな優遇策を用意して「どうか自分で準備してください」というメッセージを発信しているように私は感じています。

また、先ほど徐々に貧しくなっているとは言いましたが、現時点で決してお金がないわけではありません。だって日本人個人が持つ金融資産は、2023年6月末時点で2115兆円もありますから。

1世帯あたりの平均では約14万ドル（約2100万円）で、世界で5位のお金持ち国家です。

この順位は落ちたり上がったりしてはいるものの、世界的に見れば豊かな国であることは間違いありません。

ただし、残念ながら一部の資本家に集中しているため、実態に近い中央値で見ると1世帯あたり450万円程度となっています（金融広報中央委員会「家計の金融行動に関する世論調査（令和3年）」より）。

これはピケティさんが指摘している通り、**資本を持つものと持たないものでどんどん差が生まれていることの表れ**ですよね。

このように、日本でも着実に差が開きつつある中で、先ほども言ったように現在日本には、

- **労働による収入は社会保険料と増税により毎年減っている**
- **生きていくのに必要な支出は物価高と増税により毎年増えている**
- **銀行に預けても昔のように増えない**
- **年金も30年後にはもらえるのかわからない**

という現実があります。そんな中で生き残るためには、**もはやそれぞれが小さくても資本家にもなるしかないのです。**

今後これ以上、資本を持つものと持たないものの格差が広がれば、貧富の差はイコール国の治安悪化につながるため、今のような「落とした財布が高確率で返ってくる奇跡の国日本」はなくなってしまうでしょう。

だからこそ、最初はちょっと痛みが伴うかもしれませんが、自分のため、そして日本のために、資産を育てていきましょう！

私の相棒「お金ちゃん」といつも私の発信を見てくださっている皆様へ

私はもう7年近くブログ、YouTube、SNSなどを通してお金に関する発信活動をしてきました。これができたのは、ひとえに私のスタンドである「お金ちゃん」も一緒に私の生活費を稼いでくれたからです。一人ではここまで来ることはできませんでした。

お金ちゃん、私とともに成長し、支えてくれてありがとう。
そしてこれからも私の相棒として、末長くよろしくね！

そして、私の発信をいつも見てくれている皆様。
見てくれる人がいなくてもまた、ここまで来ることはできませんでした。
本当に感謝の気持ちでいっぱいです。

私は金融のプロでも何でもなく、数多くいる素人投資家の一人として、素人ならではの情報を発信しています。そんな私でも、多くの人に見てもらえるようになり、そんな素人だからこそ役に立つこともあるのだと教えてもらいました。

私自身、今まで専門家が言うと難しくてよくわからなかったことが、一般の方の出す情報で理解できたことがたくさんあります。
そのため、私もそんな存在でありたいなと思っています。

これからも、私は発信活動を続けていく予定です。

というか目標は80歳まで続けることなので、皆様これからも末長くお付き合いのほど、よろしくお願いいたします！

読者特典をプレゼント！

紙幅の都合で泣く泣くカットした、「第9章　家族がいる場合の資産形成はどうなる？」の原稿を、本書を読んでくださった皆様だけに公開します！

夫婦で資産形成をする場合や、子どもがいる場合の教育費についてのほか、配偶者が資産形成に非協力的な場合は？　など、よく寄せられるご相談にもお答えしています。こちらのURLでパスワードを入力してください♪

https://simple-hira.com/12403.html

パスワード　tiisanasihonnka

【著者紹介】

アラサーdeリタイア管理人 ちー

（あらさーでりたいあかんりにん・ちー）

◉――元平凡アラサーOLが「ミニマルライフ×副業×資産運用」でセミリタイアした生活を伝えるブログサイト「アラサーdeリタイア」管理人。物とお金をうまく管理することで、好きなことだけをしてゆるく生きるライフスタイルについて発信中。

◉――元は年収300万円未満の事務職OL、ゴミ屋敷に住んでいたほどのズボラ人間にもかかわらず、30代前半で3000万円の資産形成に成功。2018年末より、生活費の半分を投資資金である3000万円から出る利益でまかない、残りの半分を事業収入でまかなう、サイドFIRE生活に突入している。

◉――サイドFIRE生活に突入後も資産は増え続け、2023年10月時点の個人総資産額は8000万円を突破。意外にも夫は元借金持ちの浪費家。しかし、現在は将来に向けて徐々に資産を形成中。

◉――著書に『ゆるFIRE』（小社刊）がある。YouTubeチャンネル「ちーのゆるFIREな日々」も運営中。

自由《じゆう》に生《い》きるためにお金《かね》にも働《はたら》いてもらうことにしました。

2023年 12 月 18 日　　第 1 刷発行

著　者――アラサーdeリタイア管理人 ちー

発行者――齊藤　龍男

発行所――株式会社かんき出版

東京都千代田区麹町4-1-4 西脇ビル　〒102-0083

電話　営業部：03(3262)8011㈹　編集部：03(3262)8012㈹

FAX　03(3234)4421　　振替　00100-2-62304

https://kanki-pub.co.jp/

印刷所――大日本印刷株式会社

　ISBN978-4-7612-7710-9 C0030